高等学校动画与数字媒体专业"全媒体"创意创新系列教材

设计领导力
基于商业模式创新的设计管理

郑思露 编著
梁文俊 编
贾鹏江 × 陈奕冰 ×
参编

Design Leadership
Design Management for Business Model Innovation

电子工业出版社
Publishing House of Electronics Industry
北京·BEIJING

内 容 简 介

本书主要介绍基于商业模式创新的设计管理中的设计领导力相关知识，共6章，内容包括商业模式创新、设计团队的建立、设计团队的运作、设计管理者的领导力、设计沟通、云端设计管理。

本书可作为高等学校设计类专业设计管理课程的教材，也可供对设计管理感兴趣的人员参考。

未经许可，不得以任何方式复制或抄袭本书之部分或全部内容。
版权所有，侵权必究。

图书在版编目（CIP）数据

设计领导力：基于商业模式创新的设计管理/陈奕冰编著．—北京：电子工业出版社，2022.12
ISBN 978-7-121-45276-5

Ⅰ.①设… Ⅱ.①陈… Ⅲ.①企业领导学 Ⅳ.① F272.91

中国国家版本馆 CIP 数据核字（2023）第 049856 号

责任编辑：张　鑫
印　　刷：涿州市京南印刷厂
装　　订：涿州市京南印刷厂
出版发行：电子工业出版社
　　　　　北京市海淀区万寿路173信箱　邮编：100036
开　　本：720×1000　1/16　印张：11.5　字数：154千字
版　　次：2022年12月第1版
印　　次：2022年12月第1次印刷
定　　价：42.00元

凡所购买电子工业出版社图书有缺损问题，请向购买书店调换。若书店售缺，请与本社发行部联系，联系及邮购电话：(010) 88254888，88258888。

质量投诉请发邮件至 zlts@phei.com.cn，盗版侵权举报请发邮件至 dbqq@phei.com.cn。
本书咨询联系方式：zhangxinbook@126.com

前言

创新被认为是商业价值的驱动器，随着设计组织成熟度的提高，创新需要卓越的领导力来鼓励和加速。设计是团队工作，设计师需要经常参与各种跨职能、跨专业团队来完成各种项目。设计师在工作3到5年的时候，有成为设计团队管理者的机会，领导项目组完成设计开发工作，或带领设计团队为企业服务；有些设计师在工作8到12年的时候，会成立自己的设计团队或者设计公司。设计师刚开始从事设计工作时，思考"我"如何做好工作；逐渐成长起来后，思考"我们"如何做出成果。

从设计师成长为团队的设计领导者，是一个需要不断学习和总结的过程。团队表现是否达到预期效果？设计师每天都在进步吗？在遇到团队方向问题、战略沟通问题、人际交往问题这些挑战的时候，很多设计师会感到压力巨大，从而无法胜任设计团队管理者的角色。这是一个从"我"到"我们"的过程，设计领导力是设计师在成长过程中逐渐掌握的一个非常重要的能力。设计领导力是可以通过学习获得的。设计经常被人看成个性的、艺术的事情，设计师的角色总是与创造力有关。可是同时，设计师敏感、个性鲜明、理想主义等性格特征也让其带领设计团队更富挑战性。

设计领导力：基于商业模式创新的设计管理

　　本书针对设计类专业本科生和研究生在设计团队管理中的领导力技能需求，围绕设计管理的核心理念和方法，帮助读者学习建立卓越设计团队、创造出色的产品和服务的领导力知识与技能，提升读者在设计团队内外的影响力，使其成为合格的设计领导者。本书贴近设计师团队管理和项目管理的工作需求，站在设计师的视角，从管理学、营销学的理论和实践案例中选取适用于设计师工作情景的"商业模式的创新""建立和运营高效设计团队的方法""提升设计沟通技巧""云端设计管理"四个模块内容，用设计师的语言来谈管理学的方法与工具，提升设计专业学习者的设计领导力。

　　培养一名具有设计领导力的设计师，由他带领设计团队完成设计项目，利用创新帮助企业完善解决方案，正是本书所要讲述的内容。

　　本书由陈奕冰编著，广东工业大学郑思露、梁文俊、贾鹏江参与了本书部分内容的编写工作。书中引用了很多专家学者的著作或文章，在此表示感谢。

　　本书可作为高等学校设计类专业设计管理课程的教材，也可供对设计管理感兴趣的人员参考。

　　由于作者水平有限，加之编写时间仓促，错误之处在所难免，敬请读者批评指正。

作　者

2022年11月

目录

第1章 商业模式创新 / 1

1.1 实现创新想法 / 1
  1.1.1 知己知彼 / 1
  1.1.2 良性循环 / 2
1.2 制定创新策略 / 5
  1.2.1 核心竞争力 / 5
  1.2.2 业务模式 / 8
  1.2.3 盈利模式 / 11
  1.2.4 可持续性的商业价值 / 14
1.3 商业模式工具 / 15
  1.3.1 商业模式画布 / 15
  1.3.2 STOF 商业模式 / 22
  1.3.3 VISOR 商业模式 / 26

第2章 设计团队的建立 / 31

2.1 设计团队的目标 / 31
  2.1.1 制定团队目标 / 32

2.1.2　传递团队目标 / 35

2.1.3　团队成员目标的一致性 / 36

2.2　设计团队的结构 / 39

2.2.1　嵌入型设计团队结构 / 39

2.2.2　集中型设计团队结构 / 42

2.2.3　混合型设计团队结构 / 43

2.3　设计团队的规模 / 45

2.3.1　个人满意度和团队规模的关系 / 46

2.3.2　个人贡献和团队规模的关系 / 47

2.3.3　协作难易度和团队规模的关系 / 48

2.4　找到对的设计师 / 50

2.4.1　岗位对设计师专业能力的要求 / 50

2.4.2　岗位对设计师软技能的要求 / 53

2.5　团队的角色 / 62

2.5.1　成员角色分类 / 63

2.5.2　角色运用 / 66

第3章　设计团队的运作 / 69

3.1　设计团队的章程 / 69

3.1.1　保持团队一致性的工具 / 69

3.1.2　定义团队总体目标、资源、工作流程和约束的文件 / 70

3.2　设计项目的目标 / 72

3.2.1　目标制定的 SMART 原则 / 73

3.2.2　设计目标的运用 / 79

3.3　奖惩结合 / 81

3.3.1　奖励的类别 / 81

3.3.2　奖励制度的制定 / 82

目 录

   3.3.3 奖惩结合 / 83
  3.4 设计师的工作权责 / 87
   3.4.1 明确工作权责的重要性 / 87
   3.4.2 分配工作权责的步骤 / 88
  3.5 绩效考核 / 92
  3.6 设计团队协作的障碍 / 97
   3.6.1 第一障碍：缺乏信任 / 97
   3.6.2 第二障碍：害怕冲突 / 100
   3.6.3 第三障碍：缺乏投入 / 101
   3.6.4 第四障碍：逃避责任 / 103
   3.6.5 第五障碍：忽略团队成果 / 105

第4章　设计管理者的领导力 / 107

  4.1 领导力的五个层级 / 107
   4.1.1 职位 / 108
   4.1.2 认同 / 109
   4.1.3 成果 / 111
   4.1.4 团队培育 / 112
   4.1.5 巅峰 / 113
  4.2 设计领导者的动态角色 / 115
   4.2.1 设计发现阶段 / 115
   4.2.2 项目定义阶段 / 116
   4.2.3 方案构思阶段 / 117
   4.2.4 项目交付阶段 / 118
   4.2.5 项目评估阶段 / 119
  4.3 激励和信任 / 121

4.3.1　自主权 / 121

4.3.2　目标 / 124

4.3.3　控制 / 125

4.4　高效率会议 / 126

第5章　设计沟通 / 131

5.1　传递设计价值的沟通 / 131

5.1.1　团队层面的设计沟通 / 131

5.1.2　项目层面的设计沟通 / 132

5.2　价值共生的设计沟通 / 134

5.2.1　使用协作者的语言描述设计 / 134

5.2.2　使用决策者的语言谈设计 / 136

5.3　设计沟通的规范 / 137

5.3.1　设计沟通的媒介 / 137

5.3.2　制订项目沟通计划 / 139

5.3.3　统一的设计规范 / 141

第6章　云端设计管理 / 145

6.1　构建标准化的云端工作系统 / 145

6.1.1　建立沟通体系 / 145

6.1.2　安排定期会议 / 146

6.1.3　清晰分配任务 / 147

6.1.4　确保工作时间重叠 / 147

6.1.5　使用项目管理工具 / 147

6.1.6　给予丰富的反馈 / 148

目 录

  6.1.7 授权设计师 / 148
6.2 创造轻松的工作氛围 / 150
  6.2.1 保持联络 / 150
  6.2.2 劳逸结合 / 154
6.3 远程团队协作工具 / 155

参考文献 / 167

第 1 章
商业模式创新

适合的商业模式能够造就成功的企业。在进行商业模式创新时，要保障创新想法的实现，结合企业价值定位选择合适的商业模式是至关重要的。商业模式是组织创造、交付和获取价值的基本原理。对商业模式的创新可以帮助组织或企业在经济、社会、文化、行业环境中创造、交付、获取价值。

1.1 实现创新想法

创新是保持竞争力的最好办法。著名学者埃弗里特·M. 罗杰斯（Everett M. Rogers）认为"创新包括新技术、新实践或者新想法，采纳者可以是个人或组织"[1]。当个人或组织比竞争对手更便宜、更好或更快地解决客户问题，提供与竞争对手相比有差异化的价值时，会催生成功的创新[2]。澳大利亚昆士兰大学学者蒂姆·卡斯特尔（Tim Kastelle）认为当你能让想法变成现实，并且明白实现它价值的方法时，你将会成功[3]。

1.1.1 知己知彼

创新能使企业提高竞争力，企业为实现创新需要正确审视行业竞争态势，知己知彼，通过创新想法把握发展机会，甚至改变行业竞争态势。

W. 钱·金在《蓝海战略》一书中，将行业市场形式比喻成"红海"和"蓝海"。"红海"指现有存在的产业空间，此空间内的组织或企业通过对产品、服务或业务流程的创新等方式提高市场份额；"蓝海"指潜在的待开发市场空间，此空间内的组织或企业应尽力挖掘创新机会，创新竞争环境[4]。一个组织或企业如果选择"红海"内的市场，会与大量知名品牌竞争，压力就会较大；如果能够领先发现"蓝海"内的未知市场，便拥有更多的机会建立一个独特的产品或服务，实现自我创新想法。

选择一个全新的领域创新创业并不是一件简单的事情，领先进入市场的组织或企业往往面临很大的风险，需要考虑多方面的影响因素，包括用户的接纳度、想法的创新性、实现的可能性等。商业项目的创新需要是全面而系统的，包括在产品或服务、技术、平台、渠道、盈利模式、成本结构、合作伙伴等多方面对现状与未来的深入创新和预判。

1.1.2 良性循环

不同企业采用不同商业模式时，结果往往难以预料。单独评估一个创新想法，它看起来非常优秀，但是将其放入市场与其他竞争企业互动时，创造的价值可能大打折扣。这种单独思考与评估创新想法的方式往往会导致业务失败。可实现的创新想法、有竞争力的商业模式时常会产生"赢家通吃"效应。"聪明"的企业懂得加强自身的良性循环，削弱竞争对手的良性循环。成功的商业模式产生自我强化的良性循环，主要有以下特点[5]：

- 与企业愿景一致，这种商业模式所带来的结果促进企业愿景的实现；不能盲目选择一些与企业目标无关的选项，即使它非常诱人；

- 具有内部一致性，各类细节相辅相成，不可相互矛盾，当矛盾产生时应有所取舍来修正商业模式；

- 具有抵御性，能够抵御一些外部威胁，如竞争对手模仿自身的商业模式、创新的想法等。

例如，游戏公司 RockStar（见图 1-1），对旗下每款作品精益求精的态度，加上高投入高回报的商业模式，使其在全球各地的游戏玩家心中有口皆碑。在近千人的开发团队历经三年半的开发和超过 1 亿美元的成本投入后，于 2008 年发布了《侠盗猎车手 4》。其电影般的任务模式使该游戏在发售当天便卖出了 360 万套。《侠盗猎车手 4》的成功让 RockStar 再次动用全公司 80% 的人力，用了八个游戏工作室及全新的表情动作捕捉等技术，耗时五年并投入 2 亿美元的研发资金，造就了载入电子游戏史册的《侠盗猎车手 5》。RockStar 将开放世界游戏的规模提升到了极致，创新性的玩法也重新定义了开放世界游戏的玩法。RockStar 在一个作品取得成功后并没有着急地进行下一个作品的开发，而是斥巨资研发了 Rage 游戏引擎，为下一个作品的开发奠定基础。RockStar 的不断投入与研发的创新形成良性循环，造就了 RockStar 如今在游戏界的地位。

图 1-1　RockStar Logo
（图片来源于 RockStar Games 官网）

美国的电子游戏与软件开发公司 EPIC，通过《战争机器》等系列游戏赚得盆满钵满后，选择收购其他游戏工作室来壮大自己的团队。可惜这些游戏工作室不见起色。最终 EPIC 将未来发展方向转到游戏引擎开发上。虚幻引擎是 EPIC 独立开发的游戏引擎，也是其发展的核心。从游戏设计师的角度看，虚幻引擎的核心优势是高效。设计团队只需要设计 3D 模型，利用虚幻引擎的蓝图可视化脚本，无须编写任何代码，便能实现高级的效果，如图 1-2 所示。EPIC 甚至放开了游戏制作权限，如图 1-3 所示，只要使用虚幻引擎制作的游戏不进行商业化运作，就可以免交授权和分成等费用。EPIC 的这一系列营销举措，刺激了核心玩家、业余游戏开发者和普通的游戏企业，使虚幻引擎名声大噪（资料来源于钛媒体官网）。加上 EPIC 对虚幻引擎的大量资金注入，使虚幻引擎走向了良性发展的循环。

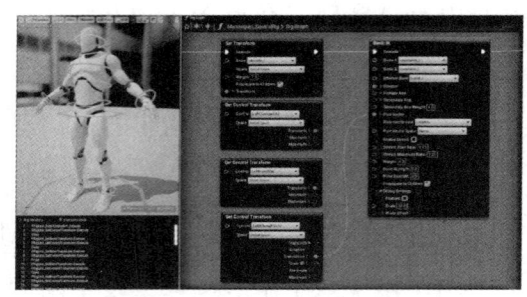

图 1-2　EPIC 开发的虚幻引擎

图 1-3　虚幻引擎渲染效果图（图片来源于虚幻引擎官网）

核心梳理

在构建商业模型前,要学会审视行业竞争态势,知己知彼。

可实现的创新想法、有竞争力的商业模式时常会产生"赢家通吃"效应。

创造一个在行业内良性循环的商业模式是实现创新的基础。成功的商业模式要与企业愿景一致,具有内部一致性,具有抵御性。

讨论题

请大家讨论,在构建商业模式时实现创新想法的策略有哪些。

1.2 制定创新策略

一个企业应综合内外部环境因素,拟定产品和服务的目标客户,明确有竞争力的价值主张,验证其在某一领域的强大竞争力。明确的市场定位能给企业带来很大优势。一个优秀的商业模式,能够培养企业的核心竞争力,并有清晰的价值定位。

1.2.1 核心竞争力

全球许多企业正在进行商业模式创新的工作,在竞争激烈的市场中,企业只有培养核心竞争力,才能得到长远的发展。

1. 分析企业竞争力

企业竞争力是指在某些方面区别于竞争对手而占据更大市场份额、

争夺更多资源的能力。

企业竞争力包括一般竞争力与核心竞争力。

一般竞争力是指企业生存发展所需要的产品研发能力、企业财务能力等一般能力。

核心竞争力是指处于核心地位、能够帮助企业长期稳定发展且短时间内难以被竞争对手模仿或复制的能力。

核心竞争力具有为客户带来好处、竞争对手难以模仿的特点。了解并确定企业核心竞争力，即确定核心产品和服务独特的优势，能够推动良好声誉的建立与发展，是向客户证明企业价值的重要策略。常见的核心竞争力有以下六点。

（1）始终如一的高品质，带给客户独特的用户价值。

（2）无法比拟的价值，与其他竞争企业形成差异性竞争，借助政策优势、技术优势、管理优势等为客户带来差异化价值。

（3）卓越的创新能力，产品和服务的系统开发与转化能力是企业竞争力的核心。

（4）强大的销售团队，有一个经验丰富的销售团队能通过广告、品牌形象推广等方式给客户留下深刻印象，取得良好的销售业绩是企业竞争力的关键。

（5）优质的客户服务，长期为客户提供卓越服务且持续关注客户满意度的企业往往能在市场中占据一定优势。

（6）健康的资金链，可以为企业的生存和发展提供坚实的保障。

2．提升核心竞争力

企业在多方面建立核心竞争力，要制定相应的战略。

（1）增强创新意识。企业容易实现渐进式创新，例如，在软件上增加新功能或者降低产品的成本。颠覆性创新因风险高而容易被大型企业所忽视，却被一些专注于颠覆性创新的小型初创企业所挑战。因此，为了增强企业的长期生存能力，进行不确定性较高的颠覆性创新有时是必要的。管理者要有将创新变为现实的深刻理解，从事具有挑战性的创新型项目，积极掌握团队创新所需的技能[6]。

（2）加强技术创新。创新和技术紧密交织在一起，新技术对市场产生巨大影响。它不仅会推动人们的新行为，从而带来潜在的新市场，而且在行业中，当新技术可用时，组织可能会改变业务领域[7]、商业模式和价值链。

（3）整合有效资源。企业在运作中吸收内外部有效资源，如购买专有技术、引进关键技术人员、学习其他企业的专业能力，在与其他企业的相互学习中，整合有效资源，逐渐形成独特的自我竞争能力。

（4）投资企业员工持续学习的计划，改善培训体验。除线下的面对面培训外，利用数字化培训软件和人工智能技术，为员工不同的职业需求定制学习路径，为员工提供个性化的培训也是未来的培训趋势。员工甚至可以随时随地打开手机App进行学习，提升良好的企业学习体验[8]。

（5）建立强大的品牌形象。确定品牌主要受众、确立主要业务目标、定义品牌角色，塑造在客户心目中脱颖而出的独特品牌形象，制定相应的营销策略。在品牌策略中通过整合公共关系、活动、社交媒体、自媒体、免费媒体和付费媒体、奖项、搜索来推广产品或服务。

1.2.2 业务模式

按照业务模式分类，企业的业务可分为产品驱动型业务和客户驱动型业务，如图 1-4 所示。

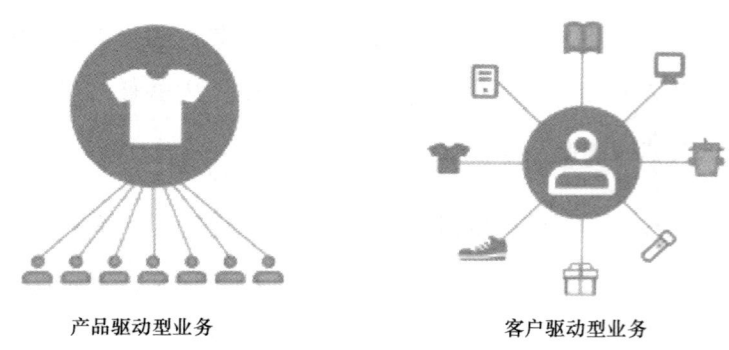

产品驱动型业务　　　　　　客户驱动型业务

图 1-4　按业务模式分类

1. 产品驱动型业务

产品驱动型业务是以产品为导向的业务模式。以产品为导向的企业倾向于关注其提供的产品而不是客户，关注产品及开发，之后为产品寻找买家和市场。企业认为一个好的产品会吸引大量客户，带来收入、利润的增长。例如，以产品为导向的洗发水企业的广告信息说："我们的洗发水由芦荟、牛油果油和摩洛哥坚果油等天然成分制成，有助于保湿，让你的头发丝滑。"这种类型的产品广告强调产品属性，设计师相信有独特性的产品会吸引有这种需求的消费者。

产品驱动型业务企业里，各部门经常在一起，围绕产品开发讨论想法，大部分的努力和资源都用于产品和设计。企业的所有职能都集中在产品上——它的设计、特性、功能及后续的制造。所有部门都为产品提供支持，包括财务、人力资源、技术部门。营销和销售团队负责将产品推向市场，找到客户。以产品为导向的典型企业如 Apple。乔布斯和他的团队成功地创造出了当时消费者都不知道其需要或想要的产品。企业按照"有了这个产品，客户就会来"的战略运作，先创造了产品，知道产品一经推出就会有市场。以产品为导向的企业必须确保每个产品都是独一无二、与众不同的。Apple 推出了与众不同的产品（iPod 如图 1-5 所示），因此在发布或推出产品时，Apple 是唯一销售这款产品的企业。

图 1-5　Apple iPod
（图片来源于 Apple 官网）

又如，皮克斯动画工作室是世界上最知名的动画电影企业之一。它也是一个产品驱动型业务的例子。皮克斯动画工作室以设立皮克斯智囊团而闻名，工作室的所有导演、作家和故事板艺术家定期聚集在一起，互相审视彼此的项目并进行同行评审或批评。通过这些审查，他们可以推进电影项目的创作、制作和最终发行。

2. 客户驱动型业务

客户驱动型业务是以客户为导向的业务模式。企业在制定业务策略时围绕不断变化的客户需求向客户提供新价值。在包括研究、开发、运营和销售在内的所有策略中，采用客户驱动型业务模式的团队会注重以客户需求为导向来制定策略。

客户驱动型业务企业，关注的是客户意见和信息。根据客户研究开发产品，以客户为导向，始终如一地了解让客户满意的方式。企业明白其生存取决于客户的满意度和幸福感，因此其行动旨在确保客户的满意度。企业不断努力提供最优质的产品，并辅以卓越的客户服务。

在以客户为导向的业务中，产品围绕客户期望和需求而设计——始终考虑到客户的需求和偏好。即使在产品设计和推出之后，这些企业仍不断地在个性化和定制产品服务上努力。为了跟上客户不断变化的需求，产品必须具有优势和良好功能。由于客户驱动型业务广泛依赖于客户及其周围数据，因此企业需要专注于客户相关数据库维护、数据挖掘等活动，所以获取数据非常重要。企业的产品越方便和灵活，客户对它们的偏好就越强。客户期望产品和服务能够便利他们的生活，节省他们的时间，并使事情变得容易，如即用型产品、合适的包装、多种支付方式、老年人优先，以及其他灵活的便利因素。此外，以客户为导向的企业会花时间和精力与客户保持联系，并设置团队专门为客户提供支持，作为客户与企业之间的纽带。客户驱动型业务企业对产品开发的速度和敏捷性要求较高。

梦工厂是世界上最大的电影制作企业之一，制作电影、电视节目和视频游戏。梦工厂非常注重从工作人员、电影观众和电影爱好者那里征集影片的创新想法，而不是单独听高管和董事成员的。

在当今的商业环境中，采用产品驱动型业务还是客户驱动型业务在很大程度上取决于企业的资源、运营方式、产品和客户。以产品为导向的企业基于技术优势做产品，一旦企业构建了产品，就会采用策略来吸引客户；而以客户为导向的企业致力于了解客户的需求，围绕这些需求构建产品和运营策略。在产品驱动型的企业中，愿景的发展从企业内部流程开始；在以客户为导向的企业中，愿景始于企业外部，尤其是客户所在的市场。无论采用哪种方法，最终真正重要的都是让客户保持满意度，从而使企业具有商业价值并持续取得成功。

1.2.3 盈利模式

在创新的实现中，企业的盈利模式是商业模式中的重要部分。盈利模式决定了企业将如何向客户收取产品或服务的费用以产生收入，如图 1-6 所示。如果没有具体的盈利模式，企业就会盲目经营，盈利的可能性大大降低[9]。

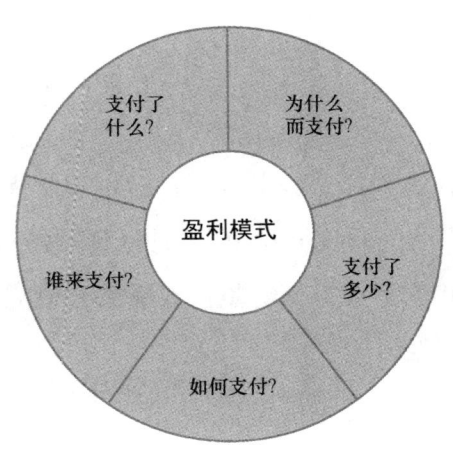

图 1-6　盈利模式

在创业前，要明确企业面临的费用及期望的盈利模式。企业类型和行业的不同导致盈利模式有所不同[10]。市面上常见的盈利模式主要有以下 10 种。

1. 零售商模式

零售商是供应链的最后一个环节，零售商从制作商或分销商处购进商品再出售获利。例如，沃尔玛、Costco 就是传统零售商的代表，通过海量选品与价格低廉的商品满足顾客不同的需求。

2. 订阅模式

收取客户费用，为其提供持续的产品或服务体验，可应用于传统的实体店和电子商务业务。例如，美国 Adobe 公司，旗下的 Photoshop、Premiere Pro、After Effects 等软件都是采用订阅模式为用户提供服务的。订阅制让 Adobe 拥有充足的现金流进行版本的更新工作，使用户获得更好的体验。

3. 免费增值模式

客户可以免费体验产品或服务的一部分，但是需要额外付费来解锁其他功能，如跳过广告。百度网盘免费为用户提供一定量的云存储空间，用户可支付一定费用来扩展存储容量，或需要充值成为 VIP 会员才能免去广告和提升下载速度。

4. 基于产品的服务模式

企业向客户收取产品使用费用，还可能额外收取订阅费或单位时间使用费。例如，特斯拉以更低的市场价格推出仅具备基本功能的 Model 3 电动汽车，然后提供更多付费功能供用户购买。如果用户想要特斯拉的全自动驾驶功能，就需要购买一个名为自动驾驶的应用程序，截至 2019 年 10 月，该模式收入占 Model 3 产品销售价格的 17%，利润可观。

5．租赁模式

企业购入某些品类的产品，租赁给其他企业或个人使用，从中收取费用。以神州租车服务平台为例，平台提供了汽车的即取即用、分时租赁服务，消费者可按用车需求预订车辆，平台满足用户一些碎片化的用车需求，提供更好的出行服务[11]。

6．有偿服务模式

企业对特定服务收取费用，此模式下企业可通过为其他客户工作或提高付费率来增加收入。例如，会计师、律师、房地产经纪人等都对其专业服务收取费用。

7．绑定模式

企业将两种或两种以上的产品作为一个单元销售，价格往往低于单独销售的价格。例如，超市将临期酸奶和新鲜酸奶捆绑销售，以提高酸奶的销量。

8．特许经营模式

原始经营者与特许经营者合作，进行营销、融资等商业活动。加盟商需要支付一定的加盟费用和一定比例的利润。例如，现有很多知名餐饮店或奶茶店采用这种模式，通过收取品牌加盟费进行分店管理。

9．广告或联盟营销模式

企业以受众作为资产，出售受众的注意力进行广告宣传。广告商需要为空间付费，费率一般由企业受众规模决定。例如，早期智能电视产品的主要收入来源是开机广告，以此保证企业持续获得稳定收入。

10. 配件盈利模式

企业为客户提供利润很低的产品增加销量，从高利润的消耗品中得利。例如，一些品牌的驱蚊器本身价格低，而配件驱蚊片是消耗品，企业从客户反复购买的驱蚊片销量中获得利益。又如，吉列公司在推出剃须刀产品时，通过免费送刀架扩大市场份额，再通过出售与刀架匹配的刀片实现盈利。

盈利模式是企业商业模式的一个重要部分，设计师洞察企业的盈利模式对产品开发和创新实现非常关键，企业的盈利模式对产品和服务设计有各种直接或间接的影响。一名优秀的设计管理者要了解和思考企业盈利模式，在构建产品方案的时候会进行更全面的考虑（资料来源于indeed网站）。

1.2.4 可持续性的商业价值

研究发现，大多数新兴想法和创新未能对创意的目标群体产生大的影响，通常不是因为想法无法实现，而是因为无法吸引用户或让用户买单，因此不具有可持续性的商业价值[12]。

发生这种情况的主要原因有以下三个[13]：

（1）没有足够多的人有这个需求；

（2）需求已经得到充分解决，但是解决方法还不够好；

（3）这个想法的商业模式不可持续，不能以最有效或最具竞争力的方式将产品和服务交给最适合的消费者。

因此，创新要思考的系统问题比我们预期的还要多。创业团队与在一个领域深耕多年的企业一样，同样面临挑剔的消费者和市场挑战。在创新创业的时候，需要思考以可持续和可扩展的方式提供价值，确定要解决的问题及方法。

> **核心梳理**
>
> 在进行商业模式创新时，要思考并确定企业的核心竞争力。
>
> 在竞争激烈的市场中，企业只有培养团队核心竞争力，才能得到长远的发展。
>
> 在当今的商业环境中，采用产品驱动型业务还是客户驱动型业务在很大程度上取决于企业的资源、运营方式、产品和客户。
>
> 一名优秀的设计管理者要对企业盈利模式有了解和思考，在构建产品方案的时候也会更全面。
>
> 团队要构建能够实现的商业模式，持续以最有效或最具竞争力的方式将产品和服务交给最适合的消费者，才能为其提供可持续性的商业价值。

练习题

根据本节内容，为你现在正在进行的设计项目构建创新策略。

1.3 商业模式工具

1.3.1 商业模式画布

以前创业者坐在办公桌前写一份详细的商业计划，并附上未来5年的预测是常用的创业策划方式，可是企业开始实施这些计划后，它很快就会被遗忘，因为一旦参与其中，企业会发现真实的业务和之前的想法相差太远。

过去十年中，许多创新研究者开发了一系列工具，帮助创新者来思考和构建创业模式，如史蒂夫·布兰克（Steve Blank）开发的精益创业方法论（the Lean LaunchPad）、埃里克·莱斯（Eric Reis）提出的精益创业方法（Lean Startup）、亚历山大·奥斯特瓦尔德（Alexander Osterwalder）提出的商业模式画布（Model Canvas）等。很多方法通过引导创新者建立客户同理心来解决实际问题，而且这些工具大多可以组合使用。例如，商业模式画布和产品开发在精益创业方法中的综合运用，可以帮助创业者思考如何为客户带来价值[14]。

对努力寻求创新的企业来说，要想在不断涌入竞争对手的市场中确立一种新的创新，不仅要以客户为中心，还要更加开放的商业模式创新。

斯坦福大学创业中心的亚历山大·奥斯特瓦德和伊夫·皮尼厄（Yves Pigneur）将商业模式定义为组织如何创造、交付和获取价值的"基本原理"。

在《商业模式新生代》一书中，亚历山大和伊夫为创新者提供了一个模板，包含9项业务内容。这是创业者对创业模式的一系列假设，就像一块画布一样，所以也称为商业模式画布，如图1-7所示[15]。

使用画布描述商业模式，可以避免许多常见的失败陷阱，因为错误的业务假设往往是导致新产品、新服务启动失败的原因。在构建产品和服务前，应先提出业务假设并进行真实客户的评测。

第1章 商业模式创新

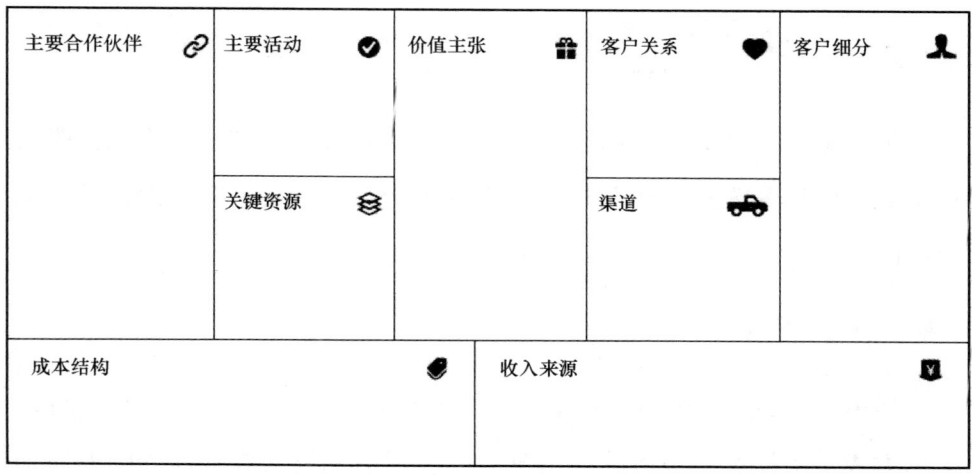

图 1-7 商业模式画布

商业模式画布是一种战略管理和精益创业工具，可以帮助创业者以直接的、结构化的方式理解业务模型。使用这个画布将深入了解所服务的客户是谁、主要合作伙伴、通过哪些渠道、提供哪些价值主张、企业的盈利模式、成本结构、关键资源、主要活动和客户关系等 9 方面经营维度的业务框架。

设计师参与创新创业项目，可用商业模式画布这个工具来思考创新的商业价值和可实现性。商业模式画布包括以下 9 项业务内容[16]。

1. 客户细分

通过图 1-8 所示的 6 个步骤进行客户细分，列出前三个细分市场，寻找能提供最多收入的细分市场。

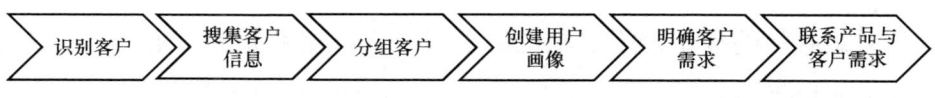

图 1-8 客户细分的步骤

2. 价值主张

价值主张是企业承诺向客户提供的产品或服务的利益。价值主张表达了企业的产品和服务比其他企业做得更好，也表达了客户要购买产品的原因。

3. 收入来源

列出项目前三项收入来源，包括免费项目、客户愿意支付的价值、支付方式。了解客户更青睐的付款方式。对盈利模式进行深入的调研和研究后确定收入来源。

4. 渠道

确定企业与客户沟通并传递价值主张的方式。了解客户所期望的接触渠道，如设计媒体、公开演讲、搜索引擎营销或搜索引擎优化、内容营销、社区广告等。尝试并发现效果最好的沟通渠道，将它们整合到客户的日常工作中去，如上班路上、开车、等候的时候。

5. 客户关系

通过用户旅程图分析企业与客户的互动。分析客户参与产品和服务的各个接触点、痛点与需求，提升客户在各个接触点的用户体验，打造最佳的客户关系。

6. 主要活动

采用独特的战略措施实施价值主张。企业使用资源，如时间、专业知识，或提供的人力／物力开展活动，来实现客户价值主张。

7. 关键资源

关键资源包含经营业务所需的人员、知识、手段和资金等。思考用于竞争的独特的战略资源。

8. 主要合作伙伴

列出必须依赖的合作伙伴，并说明原因。

9. 成本结构

明白业务成本中最大的环节。找出最"贵"的关键资源和活动。

以宜家为例，作为当今世界上最大的家具零售企业之一，宜家在商品设计中保持造型、功能、品质、可持续性、低价等平衡。分析宜家的商业模式，可以帮助我们了解它在激烈的市场竞争中立于不败之地的原因。宜家商业模式画布如图 1-9 所示。

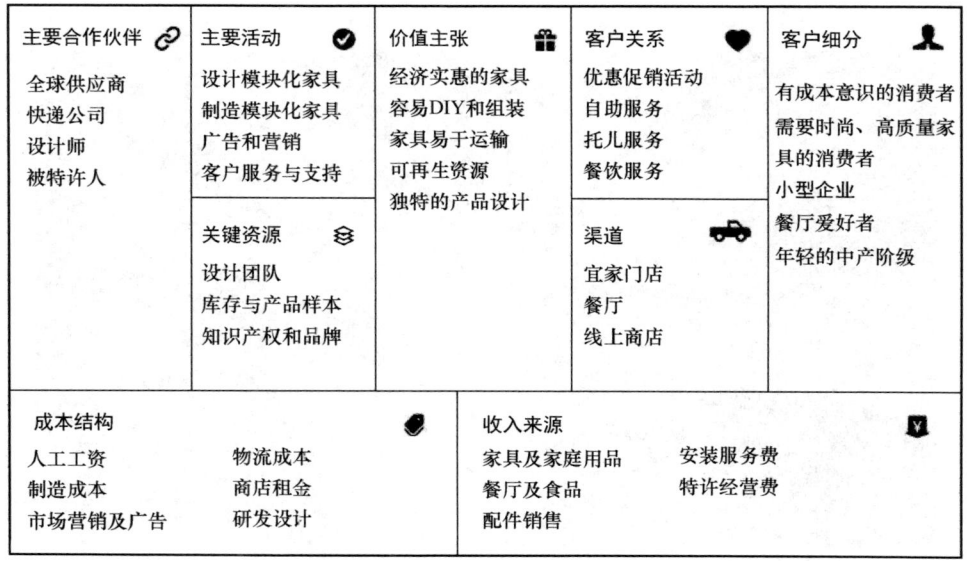

图 1-9　宜家商业模式画布

在主要合作伙伴中，宜家与供应商合作，在供应商必须保证低价供货的前提下，提供低息贷款服务，帮助其解决现金流问题[17]，实现共赢。

在主要活动中，宜家秉承着模块化设计的风格，产品简约、美观、实用，受到了越来越多消费者的追捧。值得注意的是，宜家以"模块"为导向的设计模式，将产品分成不同模块进行设计，所以宜家的家具都是可以拆分的组装产品。这样创造性的模式在生产、采购、物流等环节都有较大节省成本的空间[17]。

宜家的关键资源除拥有大量宜家体系下的供应商外，还在于它拥有一支优秀的设计团队。从1956年开始，推行至今的"平板包装"，即把所有产品都做成顾客可以方便安装的零部件[18]，使其各个部件占用最小的空间，呈现最省空间的形状，大大提高了仓库储存利用率与运输效率，如图1-10所示。同时，宜家还拥有设计师设计的所有产品的专利，不仅避免了因产品专利而受制于供应商的状况，也维护了自身的独特性[17]。

图1-10　宜家"平板包装"概念（图片来源于宜家官网）

在价值主张方面，宜家向客户提供 DIY 风格的家具，不仅因其具有易于运输和组装的特性而吸引客户，而且使客户因自己参与而获得满足感。可再生资源的使用吸引客户关注企业的环保方面，即在业务和环境之间创造健康的平衡。

在客户关系中，宜家会根据客户来店的频率给予一些折扣优惠，有时会举行促销活动，培养客户逛店的习惯，提高客户的忠诚度。同时，还满足不同消费者的需求，如建设儿童乐园方便儿童家长更好地挑选产品，提供餐饮服务等。

在渠道方面，截至 2022 年年底，宜家在全球 63 个国家和地区拥有 460 家零售店，客户可以在门店浏览需要的家具，并获得免费的卷尺丈量家具，大大减少了客户退回的商品数量[19]。如今宜家还推出了线上商店，消费者除在网站上查询家具的具体尺寸与功能外，还能够通过线上设计系统进行家具的搭配与摆放。客户还可以线上预约设计师进行全屋定制，宜家会安排当地服务人员完成测量服务。图 1-11 所示的是宜家线上设计系统。

图 1-11　宜家线上设计系统（图片来源于宜家官网）

宜家的客户群是以单一客户为导向的。在客户细分方面，宜家面向的是年轻的中产阶级、小型企业等。他们注重成本并需要时尚、优质的家具。宜家通过强大的供应体系与产品设计，以低于竞争对手的价格提供此类产品来为他们提供服务。

在收入来源方面，除包括家具商品与食品的销售收入外，还包括安装服务费用、配件费用等。但宜家的大部分收入来自特许经营费和向特许经营商批发产品。特许经营商为了获得宜家商标的使用权，需向 Inter IKEA Group 支付其净销售额 3% 的年费[20]。

与传统的几十页的商业计划书相比，商业模式画布对重要内容进行"思考"，便于创业者从全局角度调整具体某一项的规划内容。这样的画布更具透明度，容易理解。

1.3.2 STOF 商业模式

STOF 商业模式（如图 1-12 所示）适合技术创新和侧重于合作的组织。STOF 中的 S 代表服务（Service）和产品，包括价值主张和客户细分；T 代表技术（Technology）领域，如需要的信息和通信技术；O 代表组织（Organization），涵盖合作伙伴及如何一起工作；F 代表财务（Finance），涵盖成本和收入及企业的其他财务问题[21]。创业者可以从这四个领域描述创业模式。与商业模式画布相比，STOF 商业模式侧重于：

（1）服务或产品创新，而不是从单一企业的角度来看；

（2）信息和通信技术在创新方面发挥关键推动作用；

（3）合作伙伴之间的协作。

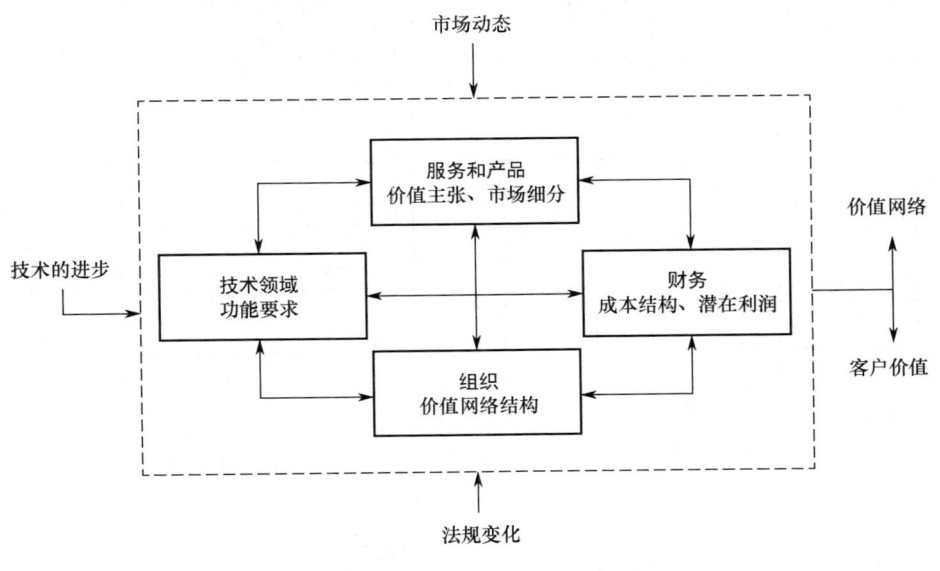

图 1-12　STOF 商业模型

在 STOF 价值网络结构的分析中，我们还可以与一个专门的合作者分析工具"合作者价值矩阵"配合使用，来评估合作者之间在资源、渠道、资金及其他方面的合作价值。合作者价值矩阵强调合作的双向价值，如图 1-13 所示，如果合作没有给双方带来长期对等的利益，合作容易中断。

除合作者价值矩阵外，价值网络工具也是一种用于分析合作者之间价值的方法。随着数字技术的发展，今天很多企业在数字平台上共享数据。需要注意的是，很多创业者涉足的行业是交叉的，不是单一的。

例如，百度汽车是一个价值网络，需要合作伙伴之间进行价值交换，如图 1-14 所示。价值网络明确在百度汽车的商业模式中每个合作伙伴提供和获得的内容、可持续性程度，以及网络的工作方式。

合作者	他们能带来什么?				合作能给他们带来什么?			
	资源	销售渠道	资金	其他	资源	销售渠道	资金	其他

图 1-13　合作者价值矩阵（资料来源于 businessmakeover 网站）

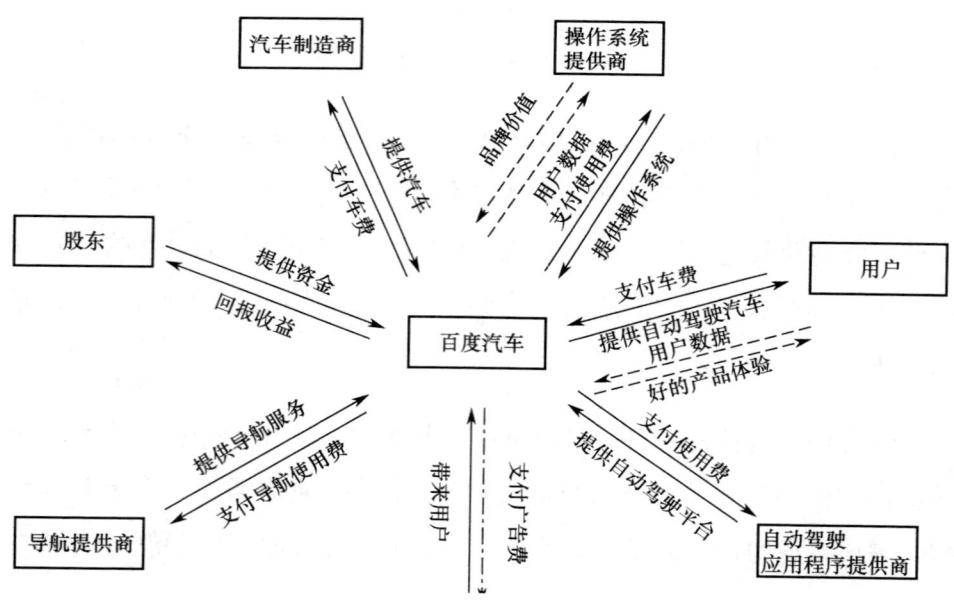

图 1-14　百度汽车价值交换图

建立价值网络的具体步骤如下。

第一步，明确要建立这个产品或服务的价值网络的对象。

第二步，全面考虑提供服务的角色。考虑需要哪些角色来提供该服务或产品。就百度汽车而言，角色有汽车制造商、操作系统提供商、用户、自动驾驶应用程序提供商、广告商、导航提供商、股东。

第三步，列出担任这些角色的演员。谁来履行角色，这就是我们所说的演员，百度汽车制造商是吉利汽车，操作系统的提供商是华为，自动驾驶应用程序的提供者是百度开发的阿波罗开放平台，导航提供商是百度地图。

第四步，需要绘制价值交换或流动的地图。例如，绘制百度汽车与每个参与者之间的价值交换图[22]。

价值交换可以是有形的。例如，提供给用户的汽车、百度向汽车制造商支付的车费。消费者是支付给百度还是吉利，还是两者都付？用户是否为导航应用付费？还是和车捆绑的吗？

价值交换也可以是无形的。价值交换的一种重要类型是数据或品牌价值，如百度从用户那里收集的有关其驾驶行为的数据。除无形的数据外，还有其他重要的无形价值。例如，百度为华为提供品牌价值，图 1-14 中虚线箭头是无形的价值流。我们要同时关注有形的和无形的流动[23]。

检查所有价值流是否是双向的，有去就要有回。如果参与者只给予而无回报，这个价值网络就是不可行的，说明商业模式行不通[24]。如果发现不是双向的循环，也许是因为忘记了某个价值流，或者是对合作伙伴的价值做出了错误的假设。价值网络会展示所需的角色和演员及每个合作伙伴的交换价值[25]。

在商业模式的讨论会中，绘制价值网络对思考商业模式非常有帮助。通过价值网络中合作伙伴交换的内容对产品和服务的作用、合作伙伴交换价值的方式，来考虑其中是否有足够的让每个人都继续前进的价值。

本节讲述了侧重于合作的 STOF 商业模式、合作者价值矩阵和价值网络的相关知识。这些工具可以单独使用，也可以组合使用。

1.3.3 VISOR 商业模式

VISOR 商业模式是美国埃尔索伊（El Sawy）和佩雷拉（Pereira）的一项研究[26]。VISOR 商业模式的不同之处在于它面向数字业务的生态系统，因为"生态系统复杂，主要参与者同时竞争和合作"[26]。

VISOR 商业模式（如图 1-15 所示）由适合数字业务的关键部分组成，可分为价值主张和交付成本[27]。

VISOR 商业模式提出企业必须建立 5 个变量来确定产品的可行性，即价值主张、交互界面、服务平台、组织模式、收入／成本结构。在一个健康的商业模式中，价值主张、产品交付方式及对技术平台的结合投资可以使收入超过成本，这对所有合作伙伴都具有吸引力[28]。

例如，Nike 成立于 1964 年，是一家生产销售运动鞋的企业。自 20 世纪 70 年代初推出 Nike 产品线以来，已成为世界领先的运动鞋和服装制造商，产品涉及多种运动领域。一般的企业会认为制造高质量的产品会带来竞争性的成功，但 Nike 始终专注于理解其客户的价值主张，例如，篮球运动员在跳得更高时才会实现价值，短跑运动员在跑得更快时才意识到价值等。Nike 关注客户的价值体验，并据此设计鞋子和其他产品，最终获得成功。

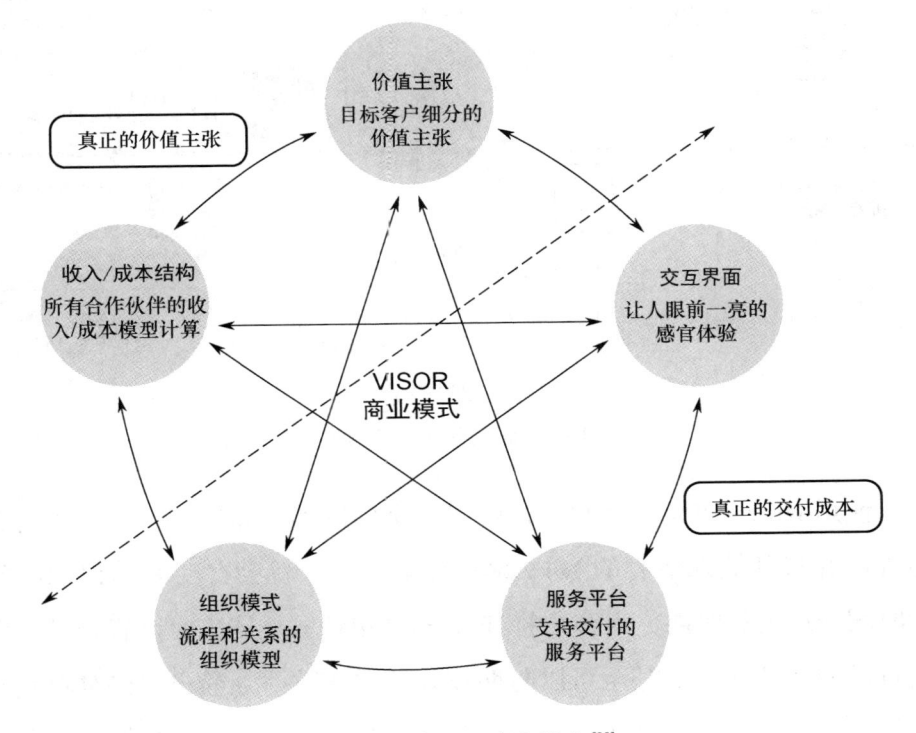

```
         价值主张
       目标客户细分的
         价值主张

真正的价值主张

收入/成本结构                    交互界面
所有合作伙伴的收入/              让人眼前一亮的
成本模型计算                     感官体验

            VISOR
            商业模式

                              真正的交付成本

   组织模式              服务平台
 流程和关系的            支持交付的
   组织模型              服务平台
```

图 1-15　VISOR 商业模式 [29]

为了拓展运动服装的数字生态系统，Nike 意识到客户跑步体验的重要因素是性能反馈。随后，Nike 推出了一款名为 Nike Monitor 的试验性产品，它可以使用声呐监测跑步者的速度和距离。接着，增加了运动手表、心率监测器等设备，旨在给用户提供运动数据。后来，Nike 的设计师注意到越来越多的慢跑运动员在跑步时会播放音乐，Apple iPod 正是他们的首选设备。而 Nike Monitor 等产品销量不佳的主要原因是，很难从设备中获取数据。Nike 很快看到跑步、音乐、性能数据可以与 iPod 的使用相结合，使客户获得竞争对手无法比拟的用户体验，并在 Apple 的帮助下开始开发 Nike+ 系统，如图 1-16 所示。

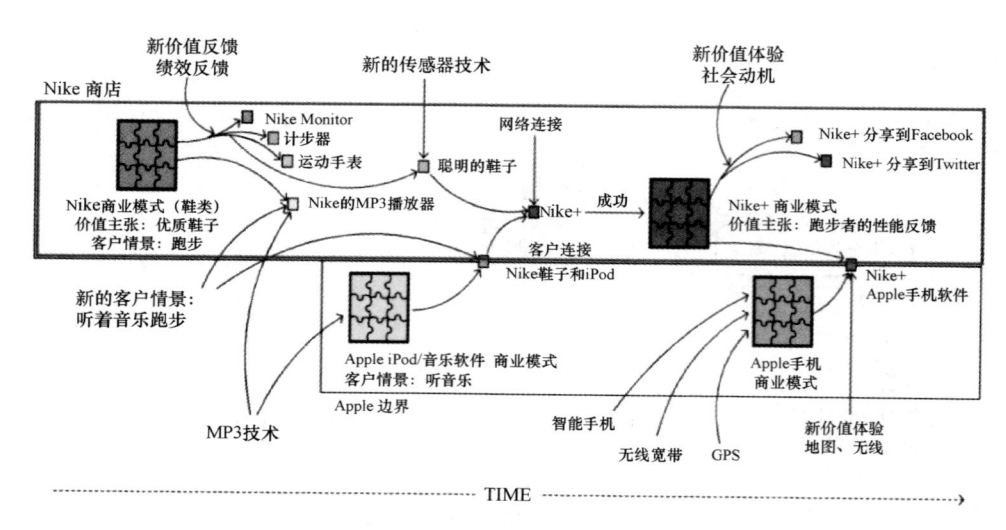

图 1-16　Nike 与生态系统的扩展图

使用 Nike+ 系统，客户只需购买一个传感器，如加速计、心率传感器等，并将其插入兼容的 Nike 跑步鞋里，iPod 就会自动开始记录跑步的时间、速度和距离。当客户将 iPod 与家用计算机同步时，客户可以看到自己的运动状态，甚至可以与朋友分享这些数据。客户不仅对观看自己的表现感兴趣，而且还想与朋友分享，并看看社区中的其他人在做什么。客户还可以组建跑步俱乐部，在不同的地方与朋友一起训练。客户购买 Nike 鞋并不是因为它的产品优于其他品牌，而是因为他们从 Nike+ 获得的使用体验价值远大于其他品牌的鞋所能实现的价值。

通过将新的数字技术融入传统商业模式，Nike 得以扩展其生态系统并提供新的数字服务。首先，Nike 通过与 Apple 合作，将传感技术嵌入跑步鞋中，并将 iPod 用作无线接收器，将客户价值主张扩展到健康领域；其次，通过将传感技术嵌入运动服装中，监控客户身体生命特征统计数据，由此 Nike 与传统医疗保健提供商建立了潜在的合作伙伴关系，如图 1-17 所示。

第 1 章　商业模式创新

	传统的商业模式	Nike+
价值主张	高质量、运动鞋和服装门面、尽可能全的目录和在线订购	集合数字和传感技术，在运动服饰上监控身体生命特征统计数据
服务平台	限制合作伙伴进入的企业内部网	多种模式：商店门面、互联网在线下载和手机服务
组织模式	传统的物流供应链	与体育之外的公司合作，实现服装生态系统
收入模式	鞋类和运动服装的销售	鞋类和运动服装的销售，合作伙伴分成

图 1-17　Nike+：拓展运动服装的数字生态系统

（图片来源于 *Business Modelling in the Dynamic Digital Space* 一书）

随着新技术的出现及客户在环境中实现价值的新方式的出现，利用生态系统中其他企业的能力可以配置系统独特的价值。

以上几种商业模式有很多共同点，也有差异。每个商业模式框架都有自己适合的企业特征。我们要学会参考商业模式分析和呈现自己的创新模式。

通过本章的学习，我们掌握了商业模式创新的多种工具，设计和商业模式是一种新的交互体系，也是价值体系的创建过程。站在商业模式的体系中思考设计，可以让设计师和设计管理者对创意的想法有更多不同维度的思考，从而最大限度地提高设计项目和团队的成功率。

核心梳理

创新研究者开发了多种商业模式工具，帮助创业者从概念角度进行战略分析。每种商业模式都具有一定差异，根据企业特性进行选择。

设计领导力：基于商业模式创新的设计管理

> 商业模式画布是一种战略管理和精益创业工具，可以帮助创业者以直接的、结构化的方式理解业务模型。
>
> STOF 商业模式适合技术创新和侧重于合作的组织。
>
> 合作者价值矩阵用于分析每个合作者为我们带来的收获、合作给他们带去的回报，以检验合作能否持续。
>
> 价值网络是一个强调分析参与角色价值交换的商业模式分析工具。
>
> VISOR 商业模式面向数字业务的生态系统，提出企业必须建立 5 个变量来确定产品的可行性，即价值主张、交互界面、服务平台、组织模式、收入／成本结构。

练习题

从本节内容中选择一种或多种商业模式工具，对你正在进行的创新项目进行商业模式分析，并用图文结合的方式来呈现和表达。

第 2 章
设计团队的建立

2.1 设计团队的目标

在一个团队中,有的成员充满活力和工作热情,有的成员则不积极。团队成员的敬业程度主要取决于团队目标。设计领导者需要为团队提供前行的原动力,指引大家的前行方向,树立大家努力实现的目标。这个方向不是赚多少物质财富,而是带领团队拥有除赚钱外的梦想,思考团队为什么存在,我们为什么拼搏。团队成员对团队的目标产生共识,并专注这个方向,才能敬业工作。

清晰的目标有助于团队在决策时确定优先级。相关研究人员发现,团队领导者使团队表现出色的重要行为之一是让团队有共同的目标并传递目标[30]。

目标涉及用户需求、团队优势、员工热情。激励团队,并对用户产生影响,要符合团队实际情况。因此,制定目标之前,需要大家一起讨论,群策群力。

2.1.1 制定团队目标

1. 制定团队目标的方法

第一步：搜集其他设计企业的目标并做好重点记录，将此作为团队讨论的起点。

第二步：大家一起分享想法。每个成员在纸上写出5个关于团队目标的想法，将其贴在墙上一起讨论。

第三步：每个成员解释提出的5个团队目标背后的原因。

第四步：将墙上的共同目标分组并排序，进一步缩小范围并确定趋势。

第五步：成员投票，选出最适合团队价值观的5个目标，选择一个进行深化。

2. 制定团队目标的工具

IDEO提出了一个帮助企业思考目标的双环工具，如图2-1所示。IDEO认为，各个组织都能找到对世界产生影响的方式，让员工产生使命感。目的轮是一个帮助大家在"企业为什么存在"和"企业如何做"两个问题上启发思考的工具。运用IDEO目的轮工具的方法分为以下两步。

第一步：内环的5个关键词代表团队存在的目的，或者团队对用户和世界产生的影响，IDEO目的轮鼓励使用者从轮的内环开始思考企业为什么而存在。

第 2 章　设计团队的建立

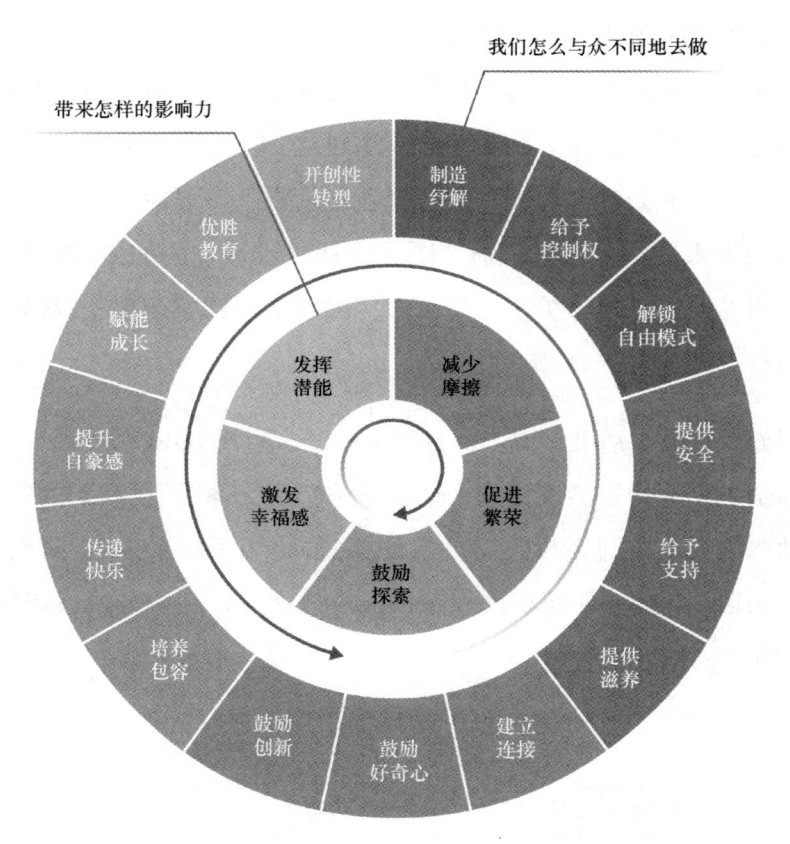

图 2-1　IDEO 团队目标思考工具（资料来源于 IDEO 官网）

内环 5 个"企业为什么存在"的关键词是发挥潜能、减少摩擦、促进繁荣、鼓励探索、激发幸福感。在使用内环时，不是选择一个关键词，而是依次使用 5 个内环的关键词去搭配外环的关键词，并讨论今天和未来会有怎样的发展。

第二步：通过转动一圈外环来尝试实现影响力的方法，即"企业如何独树一帜地做"才能让影响力实现呢？外环没有提供完整的方法列表，并且没有明确的答案。但是，外环可以激发领导者思考企业如何对用户和世界产生影响，如何让社会变得更好。外环提供 15 个发散方向：给予控制权、解锁自由模式、提供安全、给予支持、提供滋养、建立连接、鼓励好奇心、鼓励创新、培养包容、传递快乐、提升自豪感、赋能成长、优胜教育、开创性转型、制造纾解。通过这 15 个方向的引导，让团队领导者探索"企业为什么存在"和"企业如何做"，并思考如何为个人、群体、社会带来影响、带来价值。围绕内环关于影响力的描述内容，转动外环，启发设计领导者关于"怎么做"的思考，这将带来 75 种思考团队目标的点子。

例如，户外品牌北面（The North Face）运用 IDEO 目的轮工具得出的目标是"企业通过激发好奇心的方式来鼓励探索"。"我们的存在是为了鼓励探索"，"通过激发好奇心"的方式，"为了每个人"，从而形成目标的这句话："突破创新和设计的极限，让您可以在户外挑战极限"，如图 2-2 所示。

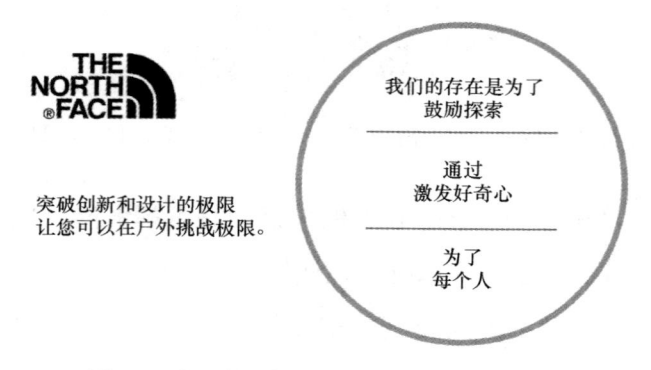

图 2-2　北面的目标（图片来源于 IDEO 官网）

又如，户外品牌巴塔哥尼亚（patagonia）运用 IDEO 目的轮工具得出的目标是"企业存在是为了发挥潜能，通过开拓性创新的方式，以拯救我们居住的星球为目的"。因此，巴塔哥尼亚的目标是"我们致力于拯救我们的星球"，如图 2-3 所示。

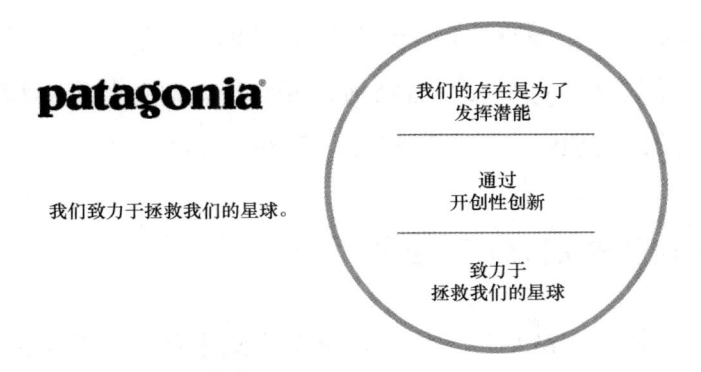

图 2-3　巴塔哥尼亚的目标（图片来源于 IDEO 官网）

再如，特斯拉提出"通过激发更大的可能性来创造影响力"，谷歌提出"通过简化和消除障碍来产生影响"，帮宝适提出"通过支持他人的成功来创造影响力"，爱彼迎、Adobe 提出"通过支持发现创造影响力"，德芙巧克力提出"通过激发喜悦来创造影响"。

第三步：换位思考。站在团队成员的角度，思考团队目标如果运用在工作中会给成员带来的影响及团队成员是否认同这个目标（资料来源于 IDEO 官网）。

IDEO 目的轮工具可以在用户和需求、团队优势、团队成员热情三方面启发我们对团队目标进行深入的思考。

2.1.2　传递团队目标

团队有了目标以后，要让团队成员经常看到并理解和传递目标。在企业办公室的墙面上可以张贴团队的目标，便于成员经常看到。同时，团队目标的实现来源于每一个项目和产品目标的实现，如在产品特征、功能、风格等方面做到与企业的目标一致。设计自上而下地引领创新比被动地接受任务更有效果。如果其他相关部门没有一开始就加入项目目标的讨论和制定，不理解项目目标和团队目标的一致性，就无法理解并全力实现项目目标。每个参与者在项目开始都要对项目目标和企业目标的一致性有认同与理解，并承诺作为一个团队共同行动。

2.1.3 团队成员目标的一致性

除项目目标和团队目标一致外，每个团队成员的目标也都要和团队目标一致。

《高效能人士的七个习惯》一书的作者斯蒂芬是国际知名的领导力工作研究者，他提出人的成长一般经历三个阶段，分别为依赖期、独立期、互赖期。团队成员从进入团队到在团队成长的过程也经历这三个阶段[31]。

1. 依赖期

依赖期以"你"为核心——你照顾我。例如，在婴幼儿时期，我们完全依赖他人，父母为我们的一切负责；又如，一个人刚刚进入团队的时候，需要大家关照，依靠别人来实现愿望。

2. 独立期

独立期以"我"为核心——我可以做到，我可以负责，我有权选择。

3. 互赖期

互赖期以"我们"为核心——我们可以做到，我们可以合作，我们可以共创未来。现实社会是一个高度互赖的社会，团队也是，必须学会互赖。

从斯蒂芬理论可以看出，在人类发展的世界里，我们从依赖走向独立，一旦我们独立了，就可以从独立转变为相互依赖，将自己视为社会群体的一部分，并专注于共同利益。在团队中也是如此，每个人的目标都随着成长而变化。一开始，我们都为立足而努力；然后，我们会关注付出和回报的关系；随着成长，我们开始考虑团队文化的信仰和影响力。

作为领导者，我们需要将个人的团队成长阶段与他的价值观、团队目标联系起来。这种一致性在企业招聘时最好就能体现出来，进入团队时处于依赖期的员工，更容易接受团队目标；而独立期的员工，正处于独立时期，更多关注自己价值和利益的实现；处于互赖期的员工，会深刻思考团队目标，如果他们和团队的价值观是接近的，在互赖期他们对团队目标的努力会更加有自驱力。在团队中的不同时期，设计师思考和关注的工作内容、对团队目标的理解是不同的，如图2-4所示。

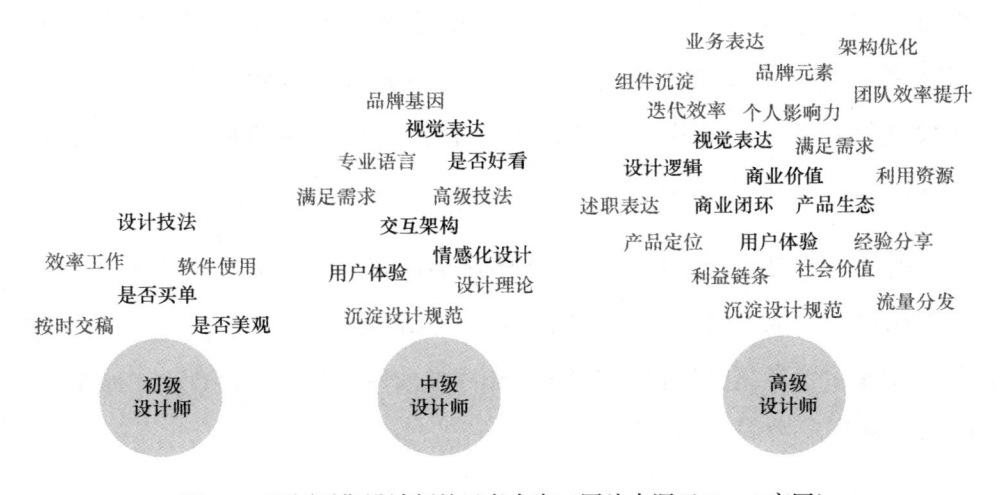

图2-4 不同时期设计师的思考内容（图片来源于Zcool官网）

初级设计师，刚刚进入企业，更多的是观察、学习一些优秀的设计案例，争取熟练使用设计软件并提升设计技法，担心自己做出来的产品客户是否会买单，在工作上是执行者角色，对团队目标的理解来源于团队文化宣传和会议上的高频接触。

　　经过一段时间的工作，初级设计师逐渐转型为中级设计师，对设计工作有了更多的自主性和自信心，能将品牌元素融入自己的方案中，设计沟通和设计表达能力得到大幅提升。但是，如何从众多的设计方案中找到最优的方案来解决问题，如何在商业生态中提出最优解决方案，如何在团队/设计圈里体现个人价值，如何提升自己的个人影响力，成为中级设计师阶段的痛点，这个阶段的设计师开始慢慢理解团队目标与自己价值观的相关性。

　　通过5～8年的沉淀，中级设计师成为高级设计师，形成自己独有的工作方法，能熟练地定义每款产品，能完整驾驭视觉表现层，能清晰地阐述自己的设计思路，对用户体验有深刻的理解，在团队和设计圈里有一定的个人影响力，能实现设计的商业价值，提升用户转化率和留存率。这个阶段设计师的主要痛点是面临着团队管理的挑战，渴望朝设计领导者角色转型，对团队目标有自己独特的理解和认同（资料来源于云和数据中心网站）。

　　因此，不难发现，设计师进入团队后的每个发展阶段都有其工作关注点和痛点，除专业能力外，对团队目标的理解力和思考力也会逐步成熟。设计领导者结合团队成员的成长阶段去传递目标、匹配工作是传递团队目标影响力的重要方法。

　　因此，我们在关注团队成员的人生目标、工作目标与团队目标是否一致的时候，要结合他在团队中的成长阶段来做工作。如果我们能做到这一点，就能掌握主动权，才会拥有一个真正有动力的团队。

第 2 章 设计团队的建立

> **核心梳理**
>
> 　　一个设计领导者需要为团队提供前行的原动力，指引大家的前行方向，树立大家努力实现的目标。
>
> 　　目标涉及用户需求、团队优势、员工热情，清晰的目标有助于团队在决策时确定优先级。团队领导者使团队表现出色的重要行为之一是让团队有共同的目标并传递目标。

练习题

　　尝试用本节学到的团队目标设置的工具和方法为你所在的设计团队设置团队目标。

2.2 设计团队的结构

　　优秀的设计来自管理优秀的设计团队。结构合理的设计团队是推动企业成功的核心。一个设计团队可以有几个人，也可以有几十上百人。每个人扮演不同的角色，使用不同的工具和方法来实现共同的目标。有效的设计管理，从组建结构合理的设计团队开始，不同的企业规模、不同的项目需要应用不同结构的设计团队。为了适应不同的企业规模和业务需求，常见的设计团队结构有以下三种。

2.2.1 嵌入型设计团队结构

　　嵌入型设计团队结构是指设计师与开发人员、产品工程师、营销人员等就特定的产品或业务线合作构成开发团队，也称为 EPD（Engineering

Product Design）团队结构[32]，如图 2-5 所示。这种设计团队结构适合小型组织。对小型项目组来说，聘请有设计管理能力的全能型设计师是比较合适的策略。设计师隶属工程、产品开发、营销、设计的跨职能团队，负责项目组内的设计工作，向项目组管理者汇报。

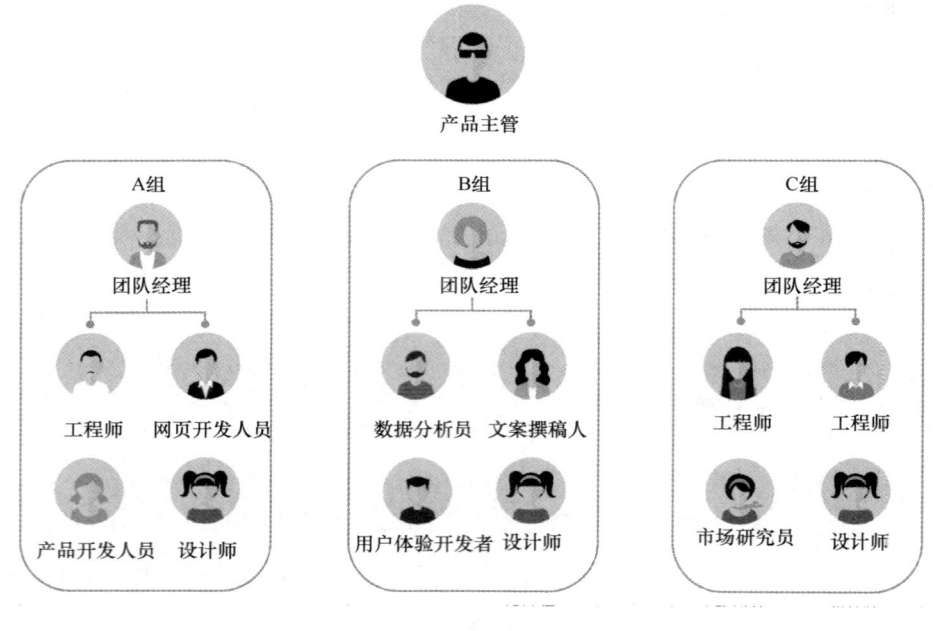

图 2-5　嵌入型设计团队结构

EPD 团队结构对设计师的帮助如下。

（1）设计师在跨职能团队中向其他领域的同事学习并与其建立密切关系，更好地了解产品的技术和业务需求。

（2）提高跨部门的信任和协作，促进跨专业团队的同理心和尊重感。

（3）加快产品开发速度。设计师可以及时获得设计方案的反馈和来自各部门的技术支撑或者挑战,而工程师会推动设计的实现。在 EPD 团队中,每步都有来自不同部门的观点,推动更好的产品解决方案。设计师在这样的工作环境中有成长为特定类型项目专家的机会。

EPD 团队结构中一些需要注意的地方如下。

(1) EPD 团队结构中,至少要安排 2 名以上的设计师,否则设计师之间相互学习的机会较少。

(2) EPD 团队结构因为分散工作,缺乏系统性的设计资源,分散的设计师会做很多重复的工作,浪费时间和资源。

(3) EPD 团队结构需要设计师从项目一开始就进入团队,而不是在项目中期再介入工作。Airbnb 的设计副总裁亚历克斯·施莱弗(Alex Schleifer)将 EPD 团队比作一个三脚凳:EPD 团队通常围绕用户体验按照产品功能进行组织。人员结构像一个三腿凳——工程、产品和设计,三条腿需要平衡,如果团队从一开始就缺乏设计角色,或者在工程和产品管理团队已经成长之后再添加这个角色,设计的腿就没有或变短了,凳子会翻倒,如图 2-6 所示。

图 2-6 人员结构(三脚凳)(图片来源于 Design Better 官网)

（4）因此，工程、产品、设计 3 个职能组中的每个组都至少要有一个成员参与新项目的产品策划、技术开发、产品营销或用户反馈会议。每个职能组必须从产品的研发开始到推进，都参与其中，并与其他两个职能组保持一致。Airbnb 的亚历克斯强调，随着组织规模的扩大，企业从一开始就聘请并赋权设计主管，在增加工程人员和产品人员的同时也要增加设计师的人数。

2.2.2 集中型设计团队结构

随着组织的发展，需要聘请更多的设计师。中型规模的组织更适合集中型设计团队结构。集中型设计团队的工作方式类似于企业内部的设计部门，其在部门内参与企业不同的设计项目，图 2-7 所示为集中型设计团队结构。设计经理岗位下设多个职位的设计师。设计师向设计经理汇报工作，设计经理向企业总裁或者负责设计的副总裁汇报工作。设计经理是关键的决策者，有助于创建共同的设计目标、进行设计师的日常管理。集中型设计团队的设计氛围好，大家一起工作，定期发布和讨论方案，一个设计师也可以看到其他设计师的工作状态，这可以帮助设计师更快地提升设计技能。因此，集中型设计团队让设计师更容易共享设计资源并相互促进。

图 2-7 集中型设计团队结构（图片来源于 Superside 官网）

集中型设计团队的优点如下。

（1）在设计团队内部轻松协作和共享反馈，帮助设计师成长。

（2）便于创造统一的设计体验。设计团队的工作方法是接近的，并且共享设计资源和系统。

（3）设计师可以从事不同的设计项目，有广泛的学习机会。

（4）设计师聚在一起工作，在内部促进设计文化的培养。

集中型设计团队的不足如下。

（1）隔离了设计团队和工程师等其他跨部门的合作者。

（2）设计师与开发人员隔离，容易导致技术与设计脱节。

（3）设计师要花费更多时间将其他重要合作者带入流程中，导致时间浪费。

（4）这种团队结构中设计经理的权力非常大，容易给普通设计师造成创意阻碍。

2.2.3 混合型设计团队结构

如果组织具有较高的设计成熟度和大量的设计师，那么与混合型设计团队结构的适配性更好。混合型设计团队结构更适合大型组织。混合型设计团队是指将设计师派驻在一个临时的跨职能团队中，以便在有明确截止日期的项目中工作，项目完成后，设计师返回到集中的设计团队。

设计管理者负责确保设计团队与其他团队的良好协作。设计师在跨职能团队中工作，向嵌入型设计团队结构中的项目负责人报告，如

图 2-8 所示。组织可以随时调动人员以满足不断变化的项目需求。例如，一些项目可能比平均规模更大，需要更多的时间和资源来完成。而固定的设计团队很难完成这些突增的工作量，如果项目组拥有出色的交互设计师，但缺乏平面设计师或者创意总监，那么混合的结构能提供灵活的外部资源来填补人手，帮助跨职能团队按计划完成重大项目。这种混合的内部设计团队结合了集中型和嵌入型设计团队的优势[33]。

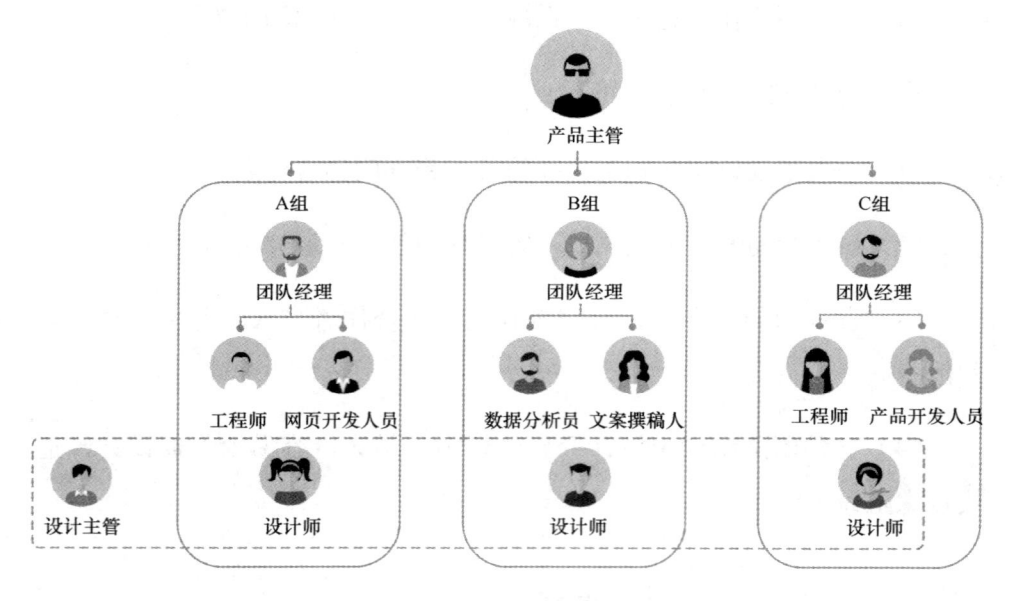

图 2-8 混合型设计团队结构

综合以上情况，混合型设计团队主要具有以下优点。

（1）提高适应性以满足可能出现的任何设计要求。

（2）设计部门领导者和跨职能团队项目负责人的双重监督，会使设计过程得到更多的重视。

（3）促进了设计团队和其他跨职能团队之间的协作。

各个组织的团队结构会随着时间的推移和组织的发展而演变。建立优秀的设计团队没有单一的途径，可以用构建产品的设计思维和迭代方法来构建优秀的跨职能设计团队。

> **核心梳理**
>
> 设计团队的结构包括嵌入型设计团队、集中型设计团队和混合型设计团队。嵌入型适合小型组织；集中型适合中型组织；混合型更适合大型组织，具有更灵活的人员调配特性。各种设计团队与企业、项目的适配性是动态变化的，要根据项目和企业的实际情况选择合适的设计团队结构。

简答题

简单阐述嵌入型、集中型、混合型三种常见设计团队结构的优点和局限性。

2.3 设计团队的规模

当我们建立团队时，设计管理者需要考虑团队需要什么样的人，团队的规模需要多大。

有些人喜欢更大的团队。更大的团队具有更强的执行任务能力、更多的资源，能获得更多的信息。

但也有人喜欢小型团队，因为其更具凝聚力。他们认为团队越小，凝聚力越强，团队内的信任度和满意度就越高，在小团队里可以真正彼此了解、互相依赖。小型团队的一个主要好处是可以更快做出决策，更容易达成共识。对比大型团队，很多人更喜欢小型团队。

决定理想的团队规模，需要考虑以下几个因素。

（1）团队成员个人的满意度。

（2）团队规模对个人贡献度的影响。

（3）团队规模和沟通复杂性的关系。

团队规模对效率和工作幸福感有很大影响，因此，要在团队成员满意度、团队效率和协作难易度之间取得平衡。

2.3.1 个人满意度和团队规模的关系

拥有满意的团队成员很重要。哈克曼（Hackman）和维德玛（Vidmar）一项研究表明，随着团队规模的扩大，个人满意度会下降[34]，如图2-9所示。当团队中只有两个人时，满意度最高[35]。但两个人可能无法胜任所需的工作，从而需要更多的人来处理任务。

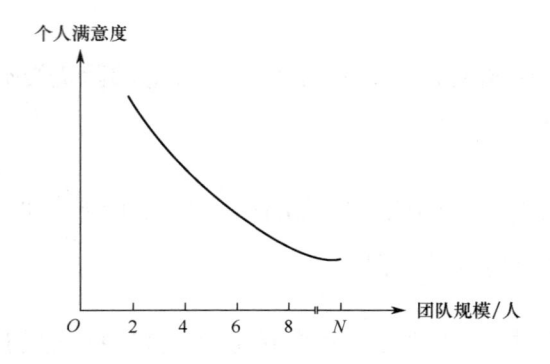

图2-9 团队规模与个人满意度的关系

2.3.2 个人贡献和团队规模的关系

有一个著名的实验：法国人林格尔曼做了一个拔河实验，当他让越来越多的人参与拉绳时，林格尔曼发现尽管总拉力增加，但每个成员施加的平均拉力减少。进而研究发现，当人们参加社会集体活动时，他们的个体贡献度会因人数的增加而逐渐减少，林格尔曼称之为"社会惰性"；这个实验结果称为林格尔曼效应。图 2-10 所示为林格尔曼－拔河实验图，是林格尔曼效应的生动描述。图 2-11 所示的林格尔曼效应图说明，随着 x 轴团队人数的增加，群体的表现效应随着团队人数的增加并没有同比增加，y 轴个人贡献度反而下降。

图 2-10　林格尔曼－拔河实验图（图片来源于 Teamly 官网）

与林格尔曼效应有异曲同工之妙的是我国传统故事《三个和尚》，其中讲述的一个和尚挑水喝、两个和尚抬水喝、三个和尚没水喝也是类似的道理。随着团队人数的增加，人们的个人贡献越来越少。这涉及协调的复杂性、个人动机和团队凝聚力问题。

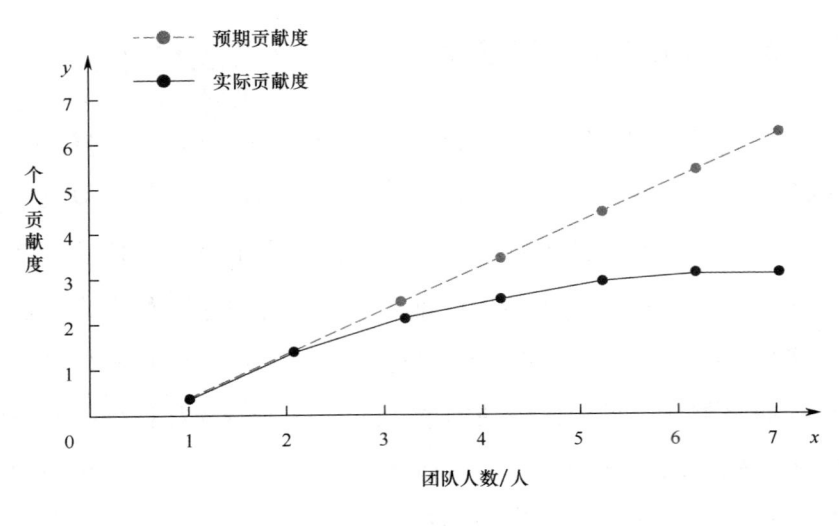

设计领导力：基于商业模式创新的设计管理

图 2-11　林格尔曼效应图

2.3.3 协作难易度和团队规模的关系

随着团队人数的增加，沟通的复杂度也会增加。在图 2-12 中，点代表团队中的人，线代表团队中人与人之间可能的沟通路径。随着人数的增加，图案越来越复杂，沟通的复杂度也急剧增加。随着团队成员的增加，协调任务变得更加困难。如果团队成员需要在某项工作上协作，传达重要信息，这样会变得既耗时又复杂。

在较大的团队中，不可避免地会存在多个工作流，从而导致团队具有多个潜在的竞争目标。也可能形成多个派系，从而破坏团队的凝聚力。

2006 年，在《财富》期刊的一篇文章中，美国资深财经作者杰瑞·尤西姆（Jerry Useem）引用了理查德·哈克曼等人 Richard Hackman and Vidmar 的研究成果。其中指出，对小型团队而言，最理想的团队规模是 4.6 人，4.6 人的团队满意度是最佳的。我们可以理解为 4 或 5 人。而对更大一点的团队来说，密歇根大学罗斯商学院斯科特·德鲁（Scott DeRue）的研究成果指出 5 ～ 10 人的效率是最佳的。创新力随着团队规模的增加而提升[36]。

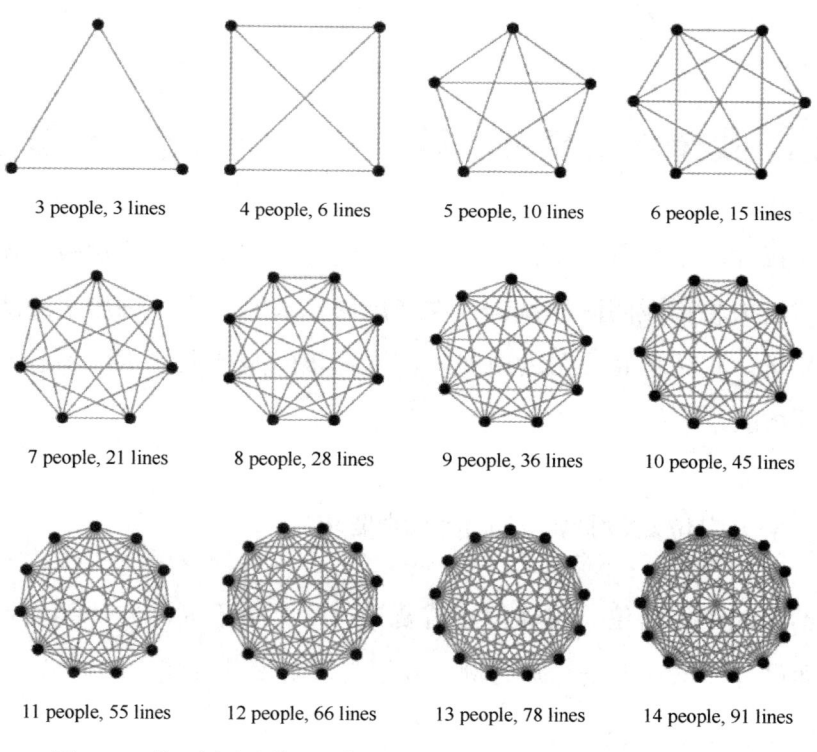

3 people, 3 lines　　4 people, 6 lines　　5 people, 10 lines　　6 people, 15 lines

7 people, 21 lines　　8 people, 28 lines　　9 people, 36 lines　　10 people, 45 lines

11 people, 55 lines　　12 people, 66 lines　　13 people, 78 lines　　14 people, 91 lines

图 2-12　基于团队人数的可能交互次数（图片来源于 Cxomag 网站）

核心梳理

综合考虑团队成员满意度、团队效率、沟通难易程度，来选择合理的团队规模。一般情况下，团队规模越大，团队成员满意度越低，个人贡献度越低，沟通复杂性越高。研究表明，对小型团队而言，4.6 人是

设计领导力：基于商业模式创新的设计管理

> 最理想的人员规模；对大型团队而言，5～10人的效率最佳。

讨论题
不妨问问身边的朋友或者同事，他喜欢多大规模的设计团队？为什么？

2.4 找到对的设计师

寻找并雇用合适的设计师是对设计管理者综合能力的挑战。团队成员及其能力将构成团队的基础。在考虑候选人时，应仔细思考团队和企业的需求。团队招聘成员的时候，容易考核的是专业技术，不容易考核的是软技能。

2.4.1 岗位对设计师专业能力的要求

不同的工作岗位、设计门类需要设计师具备不同的专业能力。本节以平面设计师与室内设计师为例，介绍岗位对设计师能力的需求。

1. 平面设计师

平面设计师将艺术和技术相结合，通过图像和页面布局来传达信息。他们会使用各种设计元素来达到艺术和传达的效果。他们为应用程序、视频、广告、期刊和报告等视觉载体设计布局。平面设计师的工作职责主要包括以下几方面[37]。

（1）与客户和艺术总监商量以确定项目范围。

（2）使用数字插图、照片编辑和排版等软件来创建设计。

（3）创建标志、插图等视觉元素以帮助信息传达。

（4）设计布局，包括颜色、图像、字体、文字位置和间距。

（5）向客户和艺术总监展示设计理念。

（6）将客户和艺术总监的更改建议纳入最终设计。

（7）在打印或发布设计前检查设计是否有错误。

平面设计师需要同时处理文本和图像，需要掌握的专业软件如图2-13所示。平面设计师经常决定标题的内容、文本的类型、字体、大小、颜色和行间距等；还要决定图像和文本在印刷品或网页上的组合方式，包括各自占用多少空间。在布局中使用文本时，平面设计师会与作者合作，他们共同选择词语并决定是否将词语放入段落、列表或表格中。通过使用图像、文本和颜色等，平面设计师可以将数据转换为视觉图形和图表，使复杂的想法更容易理解。

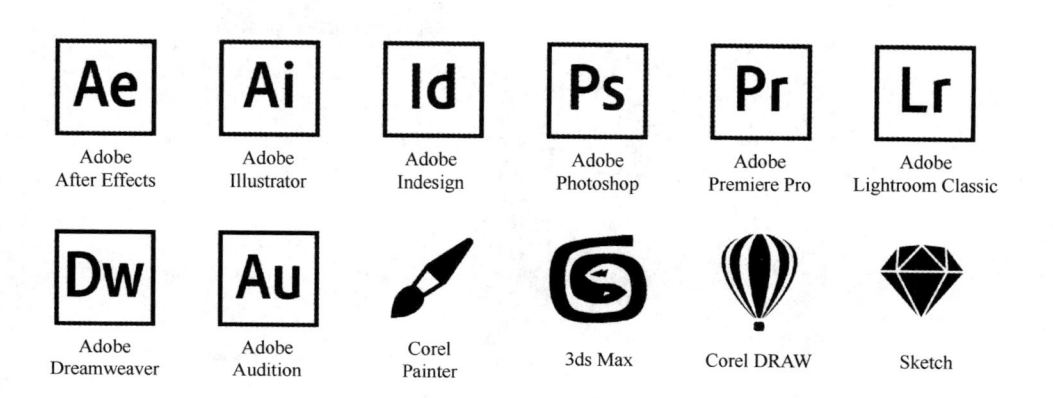

图2-13　平面设计师需要掌握的专业软件（图片来源于Zcool网站）

平面设计对销售产品来说也很重要，平面设计师经常与广告、促销、公共关系和营销方面的人密切合作。如图 2-14 所示，A Black Cover Design 团队设计了拉面说包装，充分考虑该品牌一贯的浓郁的、朴实的、温暖的形象，并以此为设计契机，进行品牌升级。在尽量不影响用户识别的基础上，重新书写了标识字体，新标识更加匀称丰满，细节更趋近完美，在内容呈现上更强调格调和气质的统一，在细节表现上有更精致的表达。同时，还开发了更适合线下销售环境的袋状包装，它不仅继承了拉面说经典方盒包装的设计语言，还呈现出面与肉的真实诱惑，这些都需要设计师在色彩原理、审美及对流行趋势的判断等方面的积累，并使用熟练的软件能力输出呈现。

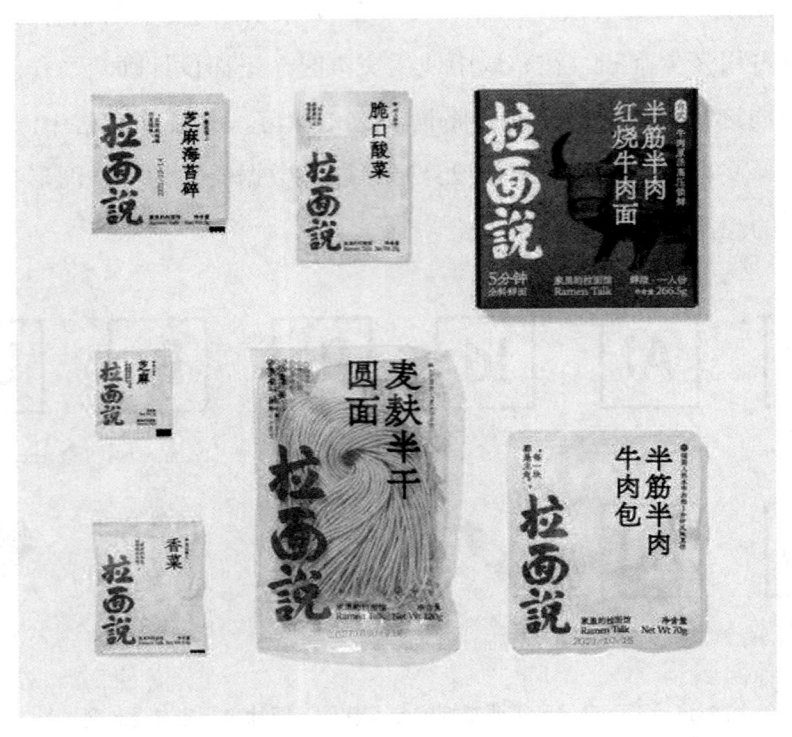

图 2-14　拉面说包装设计（图片来源于 A Black Cover Design 官网）

2. 室内设计师

室内设计师为几乎所有类型的建筑打造实用、安全和美观的室内空间。室内设计师结合对用户需求的深入调研，设计实用、美观、安全的居住或工作空间。同时还必须了解建筑规范、本地政策和其他注意事项，如无障碍标准、防火标准。室内设计师通常会做以下工作。

（1）搜索和投标新项目。

（2）确定客户对项目的需求。

（3）考虑如何使用空间及人们将如何在空间中移动。

（4）绘制初步设计方案，包括水电气和分区布局。

（5）指定材料和家具，如照明设备、桌椅、墙壁饰面、地板和管道装置。

（6）为室内设计提供解决方案，创建时间表并估算项目成本。

（7）购买材料并监督设计方案的施工。

（8）沟通施工问题并与建筑承包商协调实施项目的计划和规范。

（9）项目完成后实地考察，确保客户满意。

室内设计师与建筑师、土木工程师、建筑工人和供货商密切合作，以确定室内空间的功能、样式和施工方式。

2.4.2 岗位对设计师软技能的要求

候选人的软技能是指批判性思维、解决问题、公开演讲、专业写作、团队合作、数字素养、领导力、职业态度、职业道德和跨文化交流的能力。团队成员的专业技术能力可以通过工作经验和学习提升,而软技能的改变较难。在聘请设计师的时候,要花时间了解候选人的软技能[38]。

软技能很关键,但对其进行评估是有一定困难的,尤其是在面试者紧张(因在有限的面试环境中试图给面试官留下深刻印象)的情况下。因此,面试官在讨论技术问题前要先了解这个人,了解他对什么充满热情,他如何看待这个世界,这些貌似随意的闲聊提供了评估软技能所需的线索。设计师候选人应具备以下软技能。

1. 广阔的视野

耶鲁管理学院的维多利亚·L. 布雷斯科尔(Victoria L. Brescoll)说:"如果你想要思想的多样性,就必须让周围有不同经历的人加入[39]。"

不同的背景和兴趣为团队带来了不同的视角。要真正促进创新,需寻找为团队带来新思维、新维度的人,并努力建立具有各种声音和观点的团队,让团队具有多元化的背景,将不同的想法带到项目中,让设计研究和问题解决具有更开放的视野。

2. 强的适应性和毅力

了解候选人的生活和工作经历。例如,克服逆境和不适应的经历,或搬到新地方工作或者生活的故事,这些都提供了有关候选人如何应对挑战的线索。适应性强表明候选人有能力克服棘手的问题,他有很强的能力为团队创新和挑战新项目。

宾夕法尼亚大学心理学家安吉拉·达克沃斯(Angela Duckworth)的

一项研究表明,一个人成功最重要的能力与智力无关,而与毅力有关[40]。这种长期且勇敢的毅力有助力于逆境的克服、目标的完成,我们需要那些积极寻找解决方案的员工和同事。

3. 同理心

设计师应当对同事、用户、客户和合作者表现出强的同理心[41]。这也是设计师提供解决方案时非常重要的一项能力。作为设计师来说,同理心是一个基本素养。

4. 协作思维

对设计师来说,协作是一种工作常态。在设计工作中往往需要团队合作,或者与其他设计师或者跨职能部门的人员合作,因此,设计协作是一项非常重要的能力。

有一些方法可以在面试中衡量候选人与他人的协作能力,例如,向候选人询问以往工作过的其他团队的动态,并了解他喜欢的合作方式。我们可以从中寻找一些危险信号,例如,候选人是否将失败归咎于其他团队成员。对此可以创建一个小型、快速的项目,更好地评估候选人具备哪些突出的软技能。下面演示 2 个面试快题,以此了解考察候选人的协作能力。

(1)新产品构思快题

将企业员工和设计师候选人都邀请到一个带有白板的房间里,进行 1～2 小时的设计快题 PK。确定企业员工事先不了解该设计命题方向,企业员工与候选人处于平等地位。运用 Design Thinking 的方法[42],流程如图 2-15 所示。

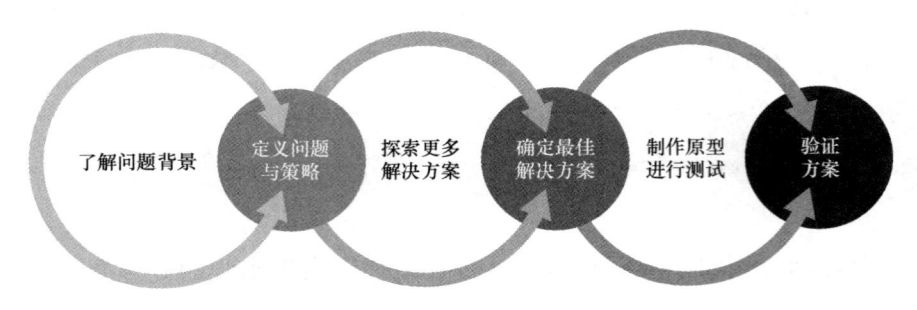

图 2-15　新产品构思快题流程

① 了解问题背景；

② 定义问题和策略；

③ 探索更多解决方案；

④ 确定最佳解决方案；

⑤ 制作原型进行测试；

⑥ 验证方案。

通过这六个设计步骤，观察候选人与企业员工合作的细节，观察候选人在他的职位上是否做出努力，是否与他人良好积极互动，并帮助他人获得成功。

每个步骤都含有许多实践的方法，如了解问题背景阶段的使用者访谈、竞争者分析或技术分析等。因为时间有限，所以要在有限时间内选择适合且可行的方法，观察候选人在这个设计流程中的协作思维。

（2）重新设计现有产品快题

流程如图 2-16 所示，邀请候选人对市场现有产品进行详细评估，找出用户体验中的缺陷，设计替代解决方案，并向企业员工团队呈现方案，以进行讨论。

```
01 邀请候选人对现有产品进行详细评估
02 找出用户体验中的缺陷
03 设计替代解决方案
04 将方案交给团队进行讨论
```

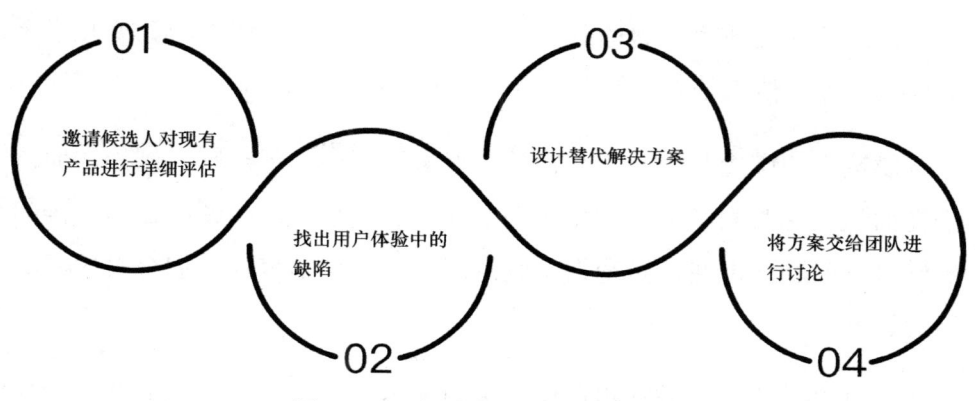

图 2-16　重新设计现有产品快题流程

当候选人进行设计呈现时，仔细聆听和观察候选人回应企业员工的反馈态度。候选人的态度是防御性的还是开放性的？说话比倾听更多吗？会不会好面子？

通过这两个面试快题，观察和聆听候选人与企业员工的交流，我们能够较全面地了解候选人的专业技能和软技能，并评估其协作思维。

5. 社交能力

除前面讲到的结构化协作活动外，还有非结构化的方法来观察候选人。作为面试过程的一部分，我们可以邀请设计师候选人共进午餐，为彼此提供相互了解的机会，确定候选人是否仍然对工作机会感到兴奋，他能否与团队融为一体，是否容易紧张。如果候选人加入团队，面试过程中在一起午餐时所发现的不合适之处会不会被放大？对候选人来说，社交时间提供了设计管理者与他工作关系的预览。

6. 谦逊

谦逊的人会成为优秀的队友，因为他们愿意倾听他人的意见并善于向他人学习，他们是天生的合作者，公平、善待他人。

候选人的谦逊与否，会在较长的面试过程中体现出来，例如，他是否在面试前花时间了解我们团队和个人。虽然在面试问题中很难直接问到谦逊的问题，但回忆候选人的肢体语言和口头语言，我们会对他有更多的解读。

不过也要注意，谦逊和自信是平衡关系的。聘请到一名又有能力又谦逊的设计师其实是非常难得的。聘请一名才华横溢的设计师可能很吸引人，但一定要考虑团队的成本。一名非常有才华且个性独立的设计师，会给团队其他人带来压力，甚至给团队部分人员带来负面情绪。因此，"精明"的设计领导者会选择能够团结大家的天才设计师，而不是让团队分裂的天才设计师。如果能给天才设计师独立的实验项目，创意成果往往会比较理想。但是独立项目的情况比较少，因此，在遇到一名有天赋的设计师时，需要考虑他的软技能与团队、项目的适配性。

最后介绍一种结合软技能和专业技能评估工业设计师候选人的参考方法。

列出工业设计师的日常工作职责，如图 2-17 所示。不同时期、不同阶段、不同团队对聘请的工业设计师的需求会有差异，因此可以根据团队需求进行调节。

作为工业设计师，具备专业技能与软技能是必不可少的，具体如下所述。

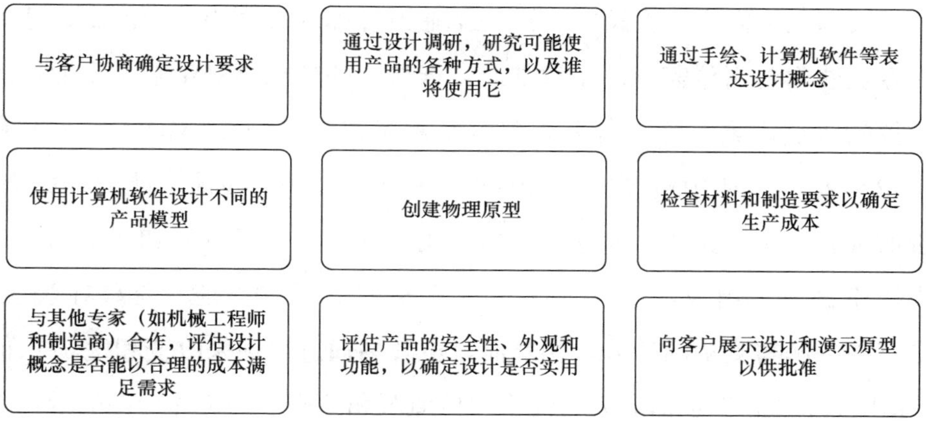

第 2 章 设计团队的建立

```
┌─────────────────┐  ┌─────────────────┐  ┌─────────────────┐
│ 与客户协商确定    │  │ 通过设计调研，研究 │  │ 通过手绘、计算机  │
│ 设计要求         │  │ 可能使用产品的各种 │  │ 软件等表达设计概念│
│                 │  │ 方式，以及谁将使用它│  │                 │
└─────────────────┘  └─────────────────┘  └─────────────────┘

┌─────────────────┐  ┌─────────────────┐  ┌─────────────────┐
│ 使用计算机软件设计 │  │  创建物理原型    │  │ 检查材料和制造要求│
│ 不同的产品模型    │  │                 │  │ 以确定生产成本    │
└─────────────────┘  └─────────────────┘  └─────────────────┘

┌─────────────────┐  ┌─────────────────┐  ┌─────────────────┐
│ 与其他专家（如机械 │  │ 评估产品的安全性、│  │ 向客户展示设计和  │
│ 工程师和制造商）  │  │ 外观和功能，以确定│  │ 演示原型以供批准  │
│ 合作，评估设计概念│  │ 设计是否实用     │  │                 │
│ 是否能以合理的成本│  │                 │  │                 │
│ 满足需求         │  │                 │  │                 │
└─────────────────┘  └─────────────────┘  └─────────────────┘
```

图 2-17　工业设计师的日常工作职责

分析能力：调研客户并洞察产品需求。

艺术能力：通过视觉方式构建设计概念，用于创建原型。包括手绘能力、软件建模能力、制作模型能力、设计表达能力、审美能力和对色彩组合的理解力等。

计算机技能：使用计算机软件开发设计并创建原型。

创造力：具有将现有技术集成到新产品上的创新能力。

商业意识：了解企业的运营和目标，洞察市场趋势和消费者偏好、了解竞品和竞争对手，掌握项目评估的标准。

工程技能：解决设计概念的结构和工程问题的能力。

解决问题的能力：掌握客户需求、确立设计目标、预估成本、对接生产部门、测试原型、方案迭代等一系列能力。

学习力：把知识转化为解决方案的能力。

根据以上内容,在选择合适的工业设计师的过程中,要匹配候选人的专业能力与岗位需求。不仅如此,候选人的软技能是影响其专业技能发挥的重要因素,美国著名心理学家麦克利兰(David McClelland)在1973年提出了冰山模型,将人的整体素质(知识、技能、能力、性格、价值观和动机)比为一座冰山,冰山由"冰山以上部分"和深藏的"冰山以下部分"组成。"冰山以上部分"包括知识和技能,是外在表现,是容易了解与测量的部分,相对而言也容易通过培训来改变和发展;而"冰山以下部分"包括能力、性格、价值观和动机,是个体内在的难以测量的部分。它们不太容易受外界影响而改变,但是会对人的行为和表现产生关键作用[43]。表2-1呈现了工业设计师职位所需的能力,包括专业技能和软技能。在实际团队项目中,工业设计师的能力并不限于表中内容。

表2-1 工业设计师职位所需的能力

专 业 技 能	软 技 能
专业视野	工作激情
对设计趋势的关注度	责任心
立足本土发现和解决问题	抗压能力
商业意识的强弱	沟通风格
对市场竞品的敏锐度和熟悉度	团队协作能力
多样化创新方法的掌握	解决问题的能力
客户意识的强弱	管理能力
用户研究方法的掌握度和熟练度	职业性格
手绘能力	综合素质
造型能力	
动手能力	
设计和表达的意识	

在寻找合适的工业设计师候选人的时候,我们可以对候选人的专业

第 2 章 设计团队的建立

技能和软技能进行量化评分，增加选择的客观性，如表 2-2 所示。

表 2-2 专业技能／软技能评分表

专业技能	专业视野	对设计趋势的关注度	商业意识	对市场竞品的敏锐度和熟悉度	多样化创新方法的掌握	客户意识
评分（1～5）						
专业技能	用户研究方法的掌握度和熟练度	手绘能力	动手能力	设计和表达的意识	立足本土发现和解决问题	造型能力
评分（1～5）						
软技能	工作激情	责任心	抗压能力	沟通能力	团队协作能力	解决问题的能力
评分（1～5）						
软技能	管理能力	综合素质				
评分（1～5）						

还可以根据团队需求、候选人年龄设置加权评分表，专业技能与软技能占比各 100%，每项技能占比可根据需求调整，如表 2-3 所示。

表 2-3 专业技能／软技能加权评分表

专业技能	专业视野（5%）	对设计趋势的关注度（5%）	商业意识（10%）	对市场竞品的敏锐度和熟悉度（10%）	多样化创新方法的掌握（5%）	客户意识（5%）
评分						
专业技能	用户研究方法的掌握度和熟练度（5%）	手绘能力（5%）	动手能力（5%）	设计和表达的意识（15%）	立足本土发现和解决问题（10%）	造型能力（20%）
评分						
软技能	工作激情（10%）	责任心（15%）	抗压能力（10%）	沟通能力（15%）	团队协作能力（15%）	解决问题的能力（15%）
评分						
软技能	管理能力（10%）	综合素质（10%）				
评分						

设计领导力：基于商业模式创新的设计管理

> **核心梳理**
>
> 　　团队的构成基础是团队成员及其能力。寻找合适的设计师需要综合考虑其专业能力和软技能。根据工作岗位、设计门类，选用适合的考核方法，为团队寻找具备较强专业能力和软技能的设计师。

练习题

　　选出三个人，分别扮演"设计管理者""设计师候选人""观察者"角色，一起模拟一场面试：完成一个设计快题的面试模拟。

- 设计管理者：给"设计师候选人"出一道设计快题，观察、提问、倾听"设计师候选人"，与"观察者"交流自己的问题依据和评价标准。

- 设计师候选人：完成设计快题，回答"设计管理者"提出的问题，也可以对"设计管理者"提问。

- 观察者：观察并记录"设计管理者"对"设计师候选人"的提问和评价标准及背后的原因是否能真实反映出岗位需求，找到合适的设计师，并对"设计管理者"寻找候选人的面试过程做评价。

　　最后三个人一起讨论作为设计管理者在面试过程中怎样才能更深入地了解设计师候选人从而找到合适的设计师。

2.5　团队的角色

　　设计是一个团队协作的工作。我们常说"团队合作需要多个角色"，有效的团队合作是结合不同的技能完成任务和项目。

团队中需要有人负责具体的方案设计，有人负责跑调研、跑供应链，有人做协调后勤等。如果一个设计团队中大家都只想做方案设计，而不愿意完成其他工作，无法协作，这就不是一个团队，而是一个小组。在小组中，单个领导者协调每个人的工作；而在团队中，每个人都与其他人合作。这是一个团队和一个小组的差异，如图 2-18 所示。

团队
每个人都与其他人合作

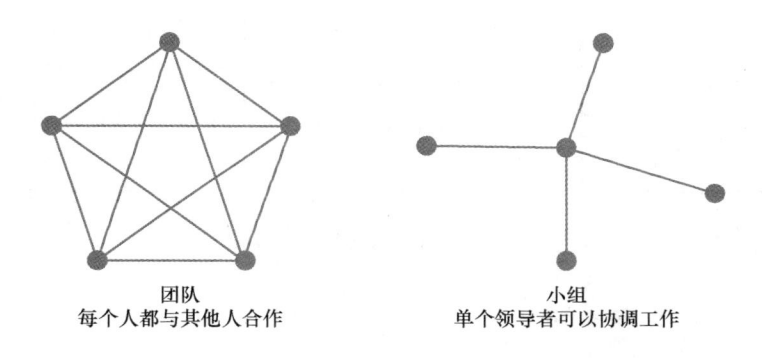

小组
单个领导者可以协调工作

图 2-18　团队与小组的差异

2.5.1　成员角色分类

高效的团队利用成员的技能和偏好来履行不同的职能。为了确保获得良好的协作，首先需要对每个人的性格和特长有一定的了解，这要求我们识别团队成员的性格特征和对团队的潜在贡献。

团队中各种角色模型有很多，本节不探讨个人在团队中的头衔，而介绍团队中的各种行为需求。

20 世纪 80 年代，英国亨利管理学院梅雷迪思·贝尔宾（Meredith Belbin）在观察和研究了多个团队后建立了贝尔宾团队角色理论，他认为最成功的团队由多种行为组合而成。每个团队需要包含 9 个不同的团队角色，并且依据成员所表现出来的个性及行为特征划分，如图 2-19 所示[44]。

THINKING	SOCIAL	ACTION
谋略导向型角色	人际导向型角色	行为导向型角色
监督评估者（ME）	团队协调员（CO）	执行者（CF）
创新者（PL）	外部资料资源获取者（RI）	鞭策者（SH）
专家（SP）	凝聚者（TW）	完成者（IMP）

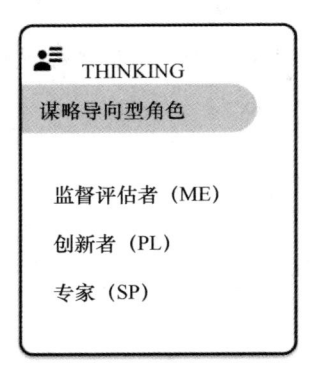

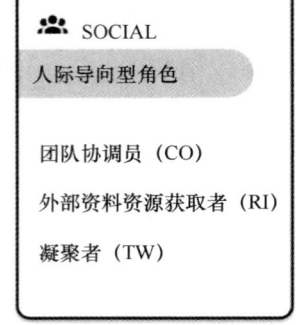

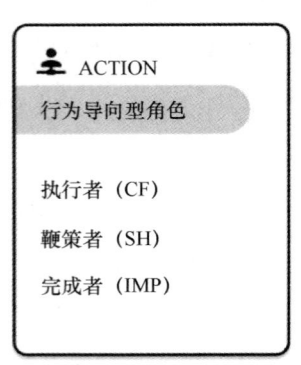

图 2-19　贝尔宾团队角色理论

1. 谋略导向型角色

具有战略眼光和洞察力的监督评估者（ME）、具有高度创新能力的创新者（PL）、为团队带来关键领域深入知识和技能的专家（SP），这三类角色属于谋略导向型角色。

- 监督评估者擅长分析和评估其他人提出的想法，并权衡各种选项的利弊，从而做出有效的决策。监督评估者还能对突发变化做出快速反应，并根据需要开发新策略和解决方案。他们最关心的是通过克服困难和提出有效解决问题的方法来推动团队前进，目的性强。

- 创新者善于提出新的创意与想法，他们总能找出新的方法解决问题，并为现有做法提出批评建议，引导团队多元和反向思考，避免思维上的僵化与局限。

- 专家是一个拥有团队执行任务所需的特定信息的人。专家可能倾向于某一具体细节的研究，通常不会精通全局知识，但能够把握大局，在知识深度方面具有优势[45]。

2. 人际导向型角色

人际导向型角色包括三类：团队协调员（CO）、外部资料资源获取者（RI）和凝聚者（TW）。

- 团队协调员往往承担传统的团队领导角色，负责指导、管理、激励团队。团队协调员善于倾听别人的意见，并能引导团队向所觉察到的目标努力。他们遇事冷静并能有效地将任务委托给他人。

- 外部资料资源获取者乐于与外部利益相关者合作，并获取外部信息和资源。他们是团队中最热情的成员，能主动识别外部利益相关者并与其一起工作来帮助团队达到目的。

- 凝聚者能够采用巧妙的沟通方式，积极解决团队内部的潜在摩擦，凝聚团队精神。他们有很强的合作能力，并热衷于确保团队中的成员能够很好地合作，经常扮演谈判者的角色。

3. 行为导向型角色

行为导向型的三类角色是，将想法和概念转化为行动的执行者（CF）、推动团队前进并确保团队在最后期限前实现目标的鞭策者（SH）；任务结束时检查和改进工作使其符合质量标准的完成者（IMP）。

- 执行者是那些确保任务完成的人，他们将团队想法和概念转化为实际行动，做事系统而有效率，具有良好的组织能力。这类人往往能够获得领导的信任，并可能被委以重任。

- 鞭策者的任务是挑战团队以促使团队能力的整体提升。他们喜欢鞭策队友、质疑规范并尝试为遇到的问题寻求最佳解决方案。在工作过程中往往能发现团队的问题并确保团队的逐步改进，能有效避免团队的自满。

- 完成者是那些希望将任务彻底完成的人，确保项目没有任何错误或遗漏，能够注意到最小的细节。他们非常关心任务的最后期限，能够推动团队按时完成工作。一般来说，他们会被描述为完美主义者，做事认真有序，全心关注任务。

2.5.2 角色运用

1. 完善角色

当团队具备了这9个角色时，有助于组织活动的良好运行。如果发现团队中有某个角色的空白，就需要填补它。皮特是一个房产销售员，业绩出色，跳槽到另一家公司成为销售经理。他满怀热情地开始了他的新工作，渴望证明自己是一名能干的领导者。但几个月后，皮特团队的销售业绩是公司中最差的。由于皮特的薪酬与部门的销售业绩密切相关，他的收入还不到上一份工作的一半。经过贝尔宾团队角色培训后，皮特意识到他工作时的注意力持续时间太短，不喜欢详细地跟进项目进展，而且在会议时往往处于主导地位，缺乏听取团队成员意见的耐心，使团队成员觉得他们都没有做出贡献的机会，导致皮特的团队总是落后。培训之后，皮特第一步就是雇用了一名强有力的团队协调员作为他的副手。有了这个副手，皮特能更专注于他擅长的事情，例如，与外部利益相关者联系，寻找新的潜在客户。最终他的团队在极短的时间内实现了业绩很大的提升，成为公司最成功的团队。

2. 角色调整

贝尔宾团队的每个角色都有各自的性格特点，每个角色都具有同等重要性。大多数人都会扮演两到三个他们熟悉的贝尔宾团队角色，而且会随着时间的推移而调整[45]。每个角色不一定只能由一人担任，也可一人分饰多角，必要时可进行角色转换[46]。

例如，乔布斯一人便呈现了4个角色的特征。他同时扮演着创新者、外部资料资源获取者、鞭策者、执行者。乔布斯经常被描述为"传奇的未来主义者和有远见的人""数字革命之父"等，这足以证明他是一个优秀的创新者。同时，乔布斯作为外部资料资源获取者展示了与人联系和探索新事物的巨大能力，激发他人对新想法的乐观和热情。此外，乔布斯还是一个名副其实的鞭策者。他的强硬和不妥协的领导风格使其入选《财富》期刊1993年"美国最艰难的老板"名单就证明了这一点。最后，乔布斯还是一个完美的执行者。他能将一个概念转化为一个成功的商业项目，坚持不懈地跟进产品的设计细节，并且不断完善创新。

从这9个角色的角度去寻找团队成员，可以让团队的构成更多元、更合理，成员各司其职。此外，让成员分析自我能力与特质，也可以找出自己擅长且乐意扮演的角色。贝尔宾团队类型并不关注职位，而是描述不同个体喜欢在团队中工作的方式。列出团队成员角色，可能会发现一些人扮演了多个角色，而有些角色缺失。如果有角色缺失，那么需要设计领导者补位，或者找人补位。如果一个人身兼多个角色，那么这个人非常能干，但要注意的是这个人一旦离开，团队将会面临很大的挑战

设计领导力：基于商业模式创新的设计管理

去找到替代候选人[47]。

因此，设计师成长为设计领导者后，需要思考的不仅仅是自己角色的问题，更多的是团队角色的问题。

> **核心梳理**
>
> 高效的团队利用不同成员的技能和偏好使其履行不同的职能。贝尔宾团队角色理论认为，每个团队需要包含三种不同的角色：谋略导向型角色（监督评估者、创新者、专家）、人际导向型角色（团队协调员、外部资料资源获取者、凝聚者）和行为导向型角色（执行者、鞭策者、完成者）。

思考题

在你参与的设计团队中，你通常担任的角色是什么？你通常不担任什么角色？你所在的团队有哪些角色？你所在的团队是否出现因角色缺失导致团队绩效降低的情况？

第 3 章
设计团队的运作

3.1 设计团队的章程

每个团队都会面临成员的来去、项目的更替。远程协作办公方式的日常化对团队行动的一致性是很大的挑战。无论是长期工作的团队还是临时的项目团队,当所有成员都清楚项目的目标和具体做事流程后,个人才能更有目的地努力。

3.1.1 保持团队一致性的工具

团队章程是可用于创建项目目标和工作流程清晰蓝图的工具,以帮助多元化的团队保持目标一致。团队每个成员在了解整个团队的目标、战略、资源与内外部联系、工作流程后,才能更好地自主开展工作,实现群策群力——这是发挥团队作用的关键。

设计师经常会进入或组建各种项目团队。组建新团队时,时间通常会很紧,可能导致管理者倾向于跳过制定团队章程这一环节。大家认为有更重要的工作要完成,所以团队通常拒绝花一天或半天的时间来制定团队章程，甚至一些不太热情的团队成员会觉得团队章程是纸上谈兵。但事实并非如此，没有团队章程，角色、运营流程甚至团队方向都没有明确规定，容易导致项目混乱和失误。

其实制定团队章程不需要花费很长时间，视团队规模而定，通常一个下午或者一天就可以完成。磨刀不误砍柴功，花时间让团队成员参与团队章程的制定，可以使每个人都清晰了解方向和规则。

3.1.2 定义团队总体目标、资源、工作流程和约束的文件

团队章程是定义团队总体目标、资源、工作流程和约束的文件，包括目标、行动、人际关系三部分。

1. 制定团队总体目标

制定团队总体目标（包括分步骤目标）。一开始制定的团队目标，通常是宏观的、以年为时间单位的。但是在具体执行目标的时候，设计管理者可将宏观的团队总体目标进行分解，让每个部门所做的工作内容可以被量化。

2. 确定行动内容

大家围绕如何合作的原则来确定行动内容。首先，让团队每个成员思考有什么团队行为对他来说很重要，并寻找高效、包容和健康的团队属性，对属性进行分类。

然后，讨论每个成员对彼此的期望是什么、如何互相支持、如何解决彼此之间的冲突、大家如何创造一个高效的合作空间等问题。每个成

员列出 10 项行动内容，选择最佳的三项行动建议供团队讨论。

最后，由团队成员讨论和投票，确定团队行动内容，包括：定义团队角色、职责、行动流程（包括角色之间的沟通方式、协同工作方式、反馈方式）、如何为业务选择负责人、如何接手其他成员的任务、遇到困难时如何相互帮助、决策运作流程、奖励、惩罚、时间表（包括关键里程节点）、会议、考勤、家庭和工作时间的优先等内容；也包括如何使用团队章程。

3. 处理人际关系

团队章程中要定义人际关系的处理，包括：当冲突出现时，团队将如何处理；团队将如何防止冲突；团队将如何从不可避免的冲突中吸取教训；团队如何营造同理心、幽默感和乐趣，从而产生团队归属感和团队精神；如何建立信任和尊重；成员之间将如何相互了解学习风格、偏好、个性特征；团队如何庆祝成功等。

团队可以根据自己的项目需求制定章程，依据项目时间长短确定章程的范围。为了便于执行，章程中的文字表述一定要有较强的可执行性，不要模棱两可或者表述宽泛。设计管理者也要思考如何让团队章程实施并保持活力。

密歇根大学罗斯商学院斯科特·德鲁（Scott DeRue）的团队发表在期刊《应用心理学》上的研究成果指出，随着时间的推移，认真制定和实施团队章程的团队，其团队绩效明显优于没有认真设计和实施团队章程的团队[48]。

> **核心梳理**
>
> 无论是长期工作的团队还是临时的项目团队，当所有成员都清楚项目的目标和具体做事流程后，个人才能更有目的地努力。
>
> 团队章程是定义团队总体目标、资源、工作流程和约束的文件，包括目标、行动、人际关系三部分。

> **思考题**
>
> 为自己所在的设计团队制定一个短期内易于执行的团队章程。

3.2 设计项目的目标

设计可实现的项目目标是设计师的重要基础工作，也是衡量设计师管理能力的标准。在项目开始就应确立项目目标，在项目启动后将它们作为行动指南。因此，设计师不仅需要考虑像素问题，还应采用全局视角进行战略性思考，确保项目目标与团队目标保持一致，针对业务目标、团队特点、行业态势、用户需求来设定项目目标。

管理学大师彼得·杜拉克（Peter Ferdinand Drucker）于1954年提出让目标制定更高效的SMART原则，如图3-1所示，包括具体的（Specific）、可衡量的（Measurable）、可实现的（Achievable）、实际的（Relevant）、有时限的（Time-bound）[49]。这些也是制定目标时要注意的五个框架。

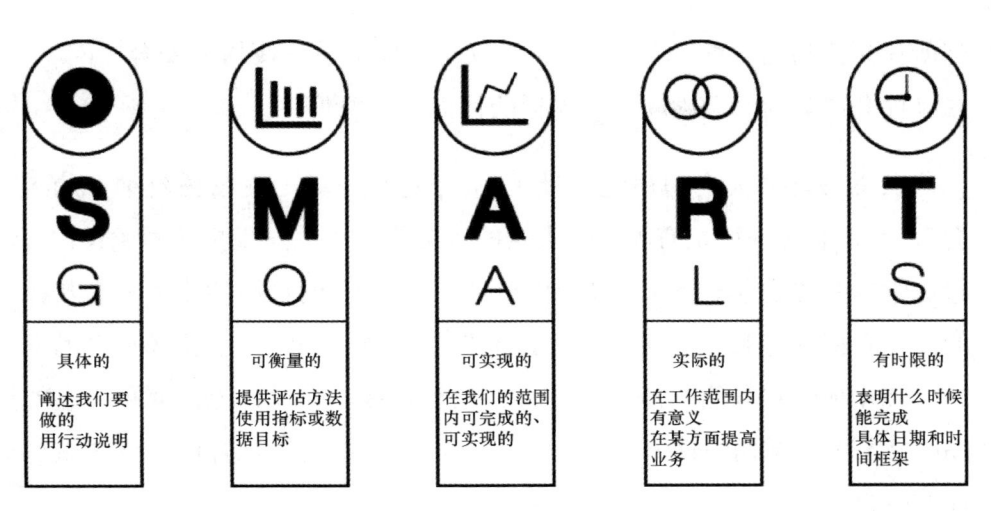

S	M	A	R	T
G	O	A	L	S
具体的	可衡量的	可实现的	实际的	有时限的
阐述我们要做的 用行动说明	提供评估方法 使用指标或数据目标	在我们的范围内可完成的、可实现的	在工作范围内有意义 在某方面提高业务	表明什么时候能完成 具体日期和时间框架

图 3-1　目标制定的 SMART 原则

3.2.1 目标制定的 SMART 原则

1. 原则1：具体的（Specific）

SMART 原则中，目标是具体的。明确目标和期望是实现想法的第一步。如果定义太过广泛，会出现难以衡量且难以解决的问题；如果定义太过模糊，会导致误解。雅各布·尼尔森（Jakob Nielsen）可用性原则提到，设计要让系统状态可知[50]，团队在制定具体项目目标时，需要让团队成员了解从开始到结束的整个路径、具体的 KPI，确保每个人都需要付诸努力的方面及计划的具体步骤。

例如，"我们希望我们的用户感觉更快乐"是一个美丽而崇高的目标，但快乐是一个难以衡量的主观价值。我们可以从产品的可访问性、美观性、成本效益、功能的可操作性、历史保护、生产性、可持续性等方面思考如何让用户更快乐。在子目标的设置上，也可以运用操作性高的目标，例如，"减少下雨天单车使用打滑的情况"和"产品上的易损件都能让用户自行拆装替换",而不仅仅是"增加单车使用的安全性问题"或"提升产品的便利性问题"这样的目标。

以飞书玩家大会的视觉设计为例。"这是一场为飞书粉丝举办的大会",亲切温暖、好玩有趣,是大会的主旋律;飞书与用户共同成长,一起探索未来先进工作方式,是大会的目标。大会的目标转化为一个具体的设计目标的过程中,飞书的设计师将"这是一场为飞书粉丝举办的大会"转化成"粉丝喜欢的大会"作为设计目标,在设计上,兼顾飞书的品牌性与大会的愉悦性;在视觉创意上,用 C 端的好玩有趣凸显 B 端属性的内容。

从"玩"出发,设计师找到兼容百变的视觉形象:魔方。"魔方"的每个模块可以代表不同的飞书产品,如飞书 Office、飞书视频会议、飞书 OKR、飞书 People 等;每个模块也可以代表飞书的用户,还可以代表飞书用户创造的新奇玩法,借此打造"玩转飞书"的核心创意概念,如图 3-2 所示。

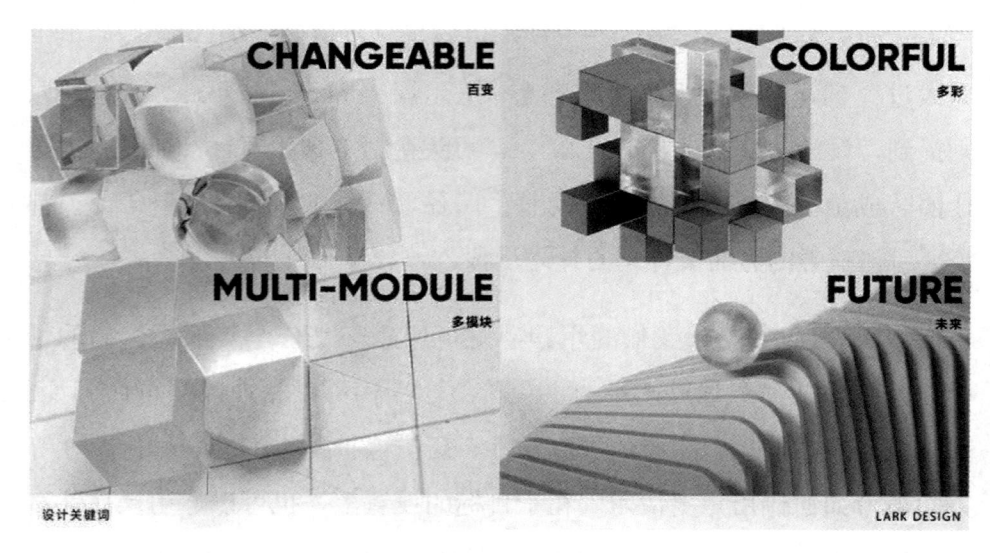

图 3-2　飞书视觉设计关键词(图片来源于飞书官网)

当视觉表现与概念有了具体方向时,对设计团队而言,视觉内容也相应清晰,形体源于"魔方",融合 Emoji 等飞书品牌元素;色彩兼顾大会主题,轻松、愉悦、多彩,打造欢乐氛围;材质选用轻透玻璃、哑光、亮光、漆面等混合材质;背景融入飞书飘带,营造空间感,突显视觉锤,不同材质模块构成视觉锤,体现多元包容;主题字、标注字采用现代无衬线体风格,进行立体综艺化处理,匹配视觉锤尝试流光微动效,突出 Emoji 的趣味性。

飞书玩家大会视觉设计团队通过前期组内讨论使模糊的设计目标变得逐渐清晰,并在讨论过程中产生明确的设计关键词,并以此为线索层层深入,最终确定设计细节并输出设计方案,如图 3-3 所示。由此可见,具体的设计目标有助于组内项目快速推进,进而达到理想效果。

图 3-3　飞书玩家大会主视觉方案(图片来源于飞书官网)

2. 原则2:可衡量的(Measurable)

SMART 原则中,目标是可衡量的。如果无法衡量目标要做的事情,就无法判断是否表现良好或者是否已偏离目标。除使目标具体化外,还需要能够量化数据。设定可衡量的目标和标准让每个参与者都能评估自己的表现，并朝着正确的方向前进。例如，目标是"将产品的差评率降低20个百分点"，而不是"让产品获得好评"之类的模糊目标；或者"我们希望我们的售后服务咨询量降低50%"是可以衡量的，通过后台数据这个可以被量化。

在思考可衡量这个问题的时候，需要思考我们需要什么数据，数据将存储在哪里，我们将如何访问数据，数据是否可靠且可验证，什么是合理的进度，怎样判断努力程度是否足够，我们如何知道自己是否已完成目标。

如果目标是在一天内爬到山顶，那么我们需要做的研究是，先根据路程难度和位置等计划每小时步行的距离，并跟踪进度；再根据目标来衡量自己的距离和时间。这是一个具有SMART原则特点的计划，而不是等到下午才抬头仰望山顶，然后开始攀登，并希望能在日落之前登顶。

例如，某个项目要求在一个月内完成宣传片的剪辑。设计管理者需要与团队成员共同商讨，确定每周的进度情况。第一周要完成素材对接、前后期沟通和粗剪；第二周要完成配乐与精剪；第三周要完成包装与动效；第四周完成渲染。若在一个月内达到最终效果，就需要计划每天做多少条视频精剪、做多少个包装动效才能完成这个工作任务。这时，不能只制定"在一个月内完成宣传片的剪辑"的粗略目标，而应对具体的工作目标进行明确的量化规定，如剪辑团队每天要完成三四条视频精剪，特效团队每天要完成两三个包装动效等。在制定团队目标的时候，一定要先确保目标本身具备合理性，同时带领团队相关人员共同商议决定，从而充分调动大家工作的积极性，再将宏观的团队目标进行细化、量化，使得每个人的工作内容、工作目标都是明确清晰的。

3. 原则3：可实现的（Achievable）

SMART原则中，目标是可实现的。每个团队都有不同的特点和擅长之处。有的团队擅长学习，对冒险有开放心态，勇于尝试新事物，不怕失败；有的团队着眼于绩效，不喜欢冒险和犯错误。目标也各有特点，有些目标具有挑战性，有些目标强调量化执行。因此，不同的团队特质适合不同的可实现目标。在创建目标时，要思考清楚：目标的必需步骤是什么？我们对实现此目标的直接控制程度是多少？与以前的绩效相比，此目标是否切合实际？有什么先例？我们为什么认为此目标是可实现的？什么外部（和内部）因素可能会阻止我们实现此目标？

例如，"希望用户对我们的环境、服务、产品有好评并分享"是一个很难的目标，我们无法强迫用户做这些事情。这种情况下，最好在讨论设计解决方案之前根据互动分享的目标增加用户对产品、服务、环境的互动参与度设计，通过创意提升用户的参与意愿和分享意愿。因此，目标的设定要是可实现的。

4. 原则4：实际的（Relevant）

SMART原则中，目标需要切合实际且具有一定难度，比团队实际完成水平稍高一些。设定完全难以实现的目标并不会督促团队努力达到目标。相反，也不要设定过于简单的目标。

有些甲方客户提出的要求明显高出行业平均水平太多，所以我们需要对需求的可实现性进行评估。

如果之前从未登过山，而设定最终目标是登上珠穆朗玛峰，就应该首先问自己为什么要尝试攀登珠穆朗玛峰，是否适合攀登珠穆朗玛峰，如果未成功登顶则意味着什么。如果决定登顶，就需要为这一壮举制订切实可行的训练计划。

在做设计工作时，都会有一个总体流程和子流程，每个流程下都有一个或多个子目标，子目标与总体目标之间会存在直接或间接的相关性。随着时间的推移，短期目标和长期目标是相关联的。关注长期目标，短期目标可以相应调整。因此，在创建目标时，要想清楚为什么将此目标设定为当前目标，为什么之前没有设定此目标，此目标将如何推进长期策略，谁是实现此目标的合适人选，如果我们未能实现此目标，意味着什么[51]。

长期目标是宏观的、抽象的。例如，vivo 手机浏览器团队的长期目标是做最适合年轻人的 Android 浏览器。长期目标奠定了产品设计的基调和方向。当产品各方因素出现冲突时，可将长期目标作为决策依据。

短期目标是实际的、与长期目标相关联的。例如，Android 浏览器团队希望提升用户留存率，通过用户调研，将短期目标设定为通过浏览器的视觉优化提升 20% 的用户留存率。

5. 有时限的（Time-bound）

SMART 原则中，目标是有时限的。为目标设定时间范围至关重要。有时限的目标可以由起点和终点组成，也可以由一系列时间进度组成。为了保持正确的前进方向，需要设定实现某些目标的截止日期，如以天、月或季度为单位。无论做何选择，都要提前规划以确保可随着时间的推移衡量 KPI，从而按时实现目标[52]。

在确定时间限制的目标之前，要了解清楚：此目标是否可以在给定的时间范围内实现？实现此目标的最长时间和最短时间分别是多久？哪些潜在的阻碍因素或与时间相关的因素可能会延缓进度？我们过去在相似时间范围内完成过哪些目标？我们何时检查进度及如何检查进度？如果我们中途偏离路线该怎么办？进度是否会在某些时间自然放缓或加快？

例如，我们的目标是"希望在接下来的 10 个月内每月获得 50000 名用户"，这个目标是具体、可衡量、可操作、现实的、有时限的。再如，我的目标是"通过每天留出 15 分钟练习快速打字并参加定时测试，将我的打字速度从每分钟 50 个单词提高到每分钟 65 个单词"。通过创建一个有限制的时间后，目标会变成"我将在三个月内将我的打字速度从每分钟 50 个单词提高到每分钟 65 个单词，并且每天抽出 15 分钟来快速练习，每周进行定时测试来衡量我的进步"。这样以效率为单位来制定目标，会让团队成员在执行任务时更易于理解这样做是否正确，离目标还有多远。

3.2.2 设计目标的运用

1. 设计开发团队与客户达成一致目标

SMART 设计目标的制定原则让我们在了解甲方客户要求时，系统思考项目目标制定是否合理，是否便于我们操作。我们经常发现项目没有明确制定目标和要求，要么甲方客户和设计团队缺乏沟通，要么甲方客户有不明确和不切实际的期望。例如，我们可能听到的是模糊的需求，如"我们想要一个平台来吸引更多访问者"或者"我们需要一个非常吸引人的应用程序"。

使用 SMART 框架可以避免浪费双方时间，并最大限度地提高效率。好的设计师总是以结果为导向；一个宏大的设计项目应始终从分析客户的需求开始，以避免将整个项目引向错误方向。甲乙双方应就整个参与过程中的关键交付成果达成一致，例如，UX 设计要不要包括可用性测试和使用分析报告等这些细节。

2. 根据目标提出合理期望成果，制订清晰计划

在设定目标的时候，应尽早提出重要问题并进行初步研究，做好任务的优先级排序，区分非必要需求和必要需求。客户可能认为需要一个包含复杂功能的移动应用程序，但细致的业务目标分析可以证明一个简单的小程序就足够了。因此，在开始设计之前和客户一起阐明需求和目标，合理提出期望的成果并制订清晰的计划。这是优化工作效率并确保项目按计划进行的最佳方式[51]。

设计师要分析客户的每一次要求，并引导客户深入讨论如何将期望转化为可实现的目标。这是一个持续的过程，旨在建立强大的沟通框架和双方的信心。

核心梳理

设计项目目标的制定是设计方案成败的关键。运用项目目标制定的 SMART 原则是具体的、可衡量的、可实现的、实际的、有时限的，有助于设计师制定出与团队愿景和战略目标一致且可实现的项目目标。

> **练习题**
>
> 将 SMART 原则引入你现在做的设计项目中，试试看它有没有帮助你理解并完成设计方案。

3.3 奖惩结合

很多设计师感觉自己做设计容易，而带一个团队做设计困难。尤其是在奖励团队成员的时候，设计领导者尽力提供了奖励，却没有产生预期的效果。设计领导者奖励团队与感谢个人是不同的，奖励不仅仅是感谢。奖励团队，为团队赋能，需要将奖励与绩效联系起来，并为团队成员提供有价值的奖励。设计师是充满个性的群体，因此设计领导者要全面思考奖励者、奖励的方式、奖励的意义才能给出合适的奖励。

3.3.1 奖励的类别

奖励有多种类别。团队的奖励分为基于团队整体表现的奖励和基于团队竞争的个人奖励。在奖励之前，设计领导者要根据奖励的目的选择奖励类别。

1. 基于团队整体表现的奖励

基于团队的整体表现来分配奖励。创意团队在大部分情况下追求设计方案的完整性和合理性，更适合基于合作的奖励系统。如果团队的目的是速度和效率，那么奖励系统会导向提高团队效率。

2. 基于团队竞争的个人奖励

基于团队竞争的个人奖励侧重个人表现。在追求推动竞争的企业中，激励个人表现更适合个人奖励，领导者会将奖励重点放在团队成员之间的竞争上。基于现有贝尔宾团队角色理论，进行公开、明确的角色对话可以减少奖励个人对团队士气的影响，推动团队合作[53]。

当然，有一部分企业使用双重奖励方式可以达到更佳的奖励效果。

3.3.2 奖励制度的制定

设计作为团队创意工作，更看重设计的质量和对商业的贡献，奖励机制会更复杂，因此奖励制度的制定要与团队目标的制定一致。设计领导者要根据团队目标选择合适的奖励类别，制定团队奖励制度。注意，从竞争转换为合作的奖励较为困难，而从合作转换为竞争的奖励较为容易。在团队里实施两者的转换会影响士气，因此要先确定奖励制度的持续性再实施奖励。

制定奖励制度需要注意以下几点。

1. 确定奖励的目标

确定奖励计划，支持团队或项目目标。确定所需的成员绩效或行为，以加强目标。许多企业将团队合作作为其核心竞争力，领导者可以通过讨论团队而不是个人来进一步鼓励团队成员协作。项目完成后，要庆祝成功并集体复盘困难和挫折，总结经验。奖励团队成员提出有建设性的意见，避免团队损失或为团队获得收益；奖励团队成员提出创新的办公协同方式，为设计项目建立精细的标准化流程，提高工作效率。

2．了解我们的团队

根据个人或者团队以往的成就，确定绩效的衡量标准。而且，只有在给予团队想要的奖励时，奖励才会有激励作用。因此，要花时间了解团队成员并寻找他们都重视的东西；如果不了解，则需要向他们征求意见。

3．传达奖励机制

向大家传达奖励机制。确保有出色的奖励，而且让大家都知道。另外，奖励的形式多种多样，金钱不是唯一的。有时候制定更高层级的目标任务也是一种奖励。优质的培训也是很多人看重的奖励。

3.3.3　奖惩结合

设计领导者不仅要使用奖励来激励团队成员，也要用奖惩结合的方式来激发团队成员。当团队成员考勤不合要求、违反团队章程或无视最后期限时，给予适当的惩罚是管理者工作的一部分。团队章程中有管理者努力告诉团队成员哪些是不能做的事情，必要时需要通过奖惩来保障团队的效率和安全。领导者灵活运用奖惩结合，是提升领导力的有效方法。

对优秀行为的奖励和对不良行为的惩罚是一种简单有效的反馈形式。根据团队成员和企业文化制定奖励和惩罚的原则，具体如下所述。

1. 描述团队所期望与不期望的团队目标或行为

项目目标是可衡量的，如次数、时间、数量、额度等。确定要奖励与惩罚的行为，并制定相应的奖励与惩罚规则。

例如，奖励这次合作协议签订；惩罚不经过充分沟通、未了解委托客户的情况和需求就进行方案设计的行为；对连续三次没有获得合作项目的团队可考虑扣除其奖金。

2. 通过章程明确行为准则

通过企业章程和培训确保团队中的所有成员都知道他们应该做什么、不应该做什么、如何去做、为什么要去做、每个人的职责如何影响队友的工作等。

奖励加惩罚的方法可以很好地引导团队成员避免受惩罚的行为，并指引其从事会获得奖励的工作。只要设计管理者制定的奖励有足够吸引力，制定的惩罚是有效的，这种方法就可以激励团队成员，实现领导者想要看到的结果，帮助团队将团队价值观与具体行为联系起来，促进奖罚分明的行为，让团队成员觉得设计管理者在奖惩方面是公平的。

3. 奖惩原因及对象明确

在对团队成员进行惩罚之前要进行事情原委的调查，了解错误行为的承担者是谁，以及背后的原因。

4. 惩罚方式——从口头到书面

口头警告一般用于首次出现问题的情况。管理者和团队成员之间应该进行认真的对话,也给团队成员解释的机会,了解团队成员没有做好的原因,并解释团队惩罚的原因、行为和目的。让设计师理解管理者惩罚的目的不是针对他,而是因为不利于团队的行为。通过口头沟通可以避免不必要的误解,同时传递给团队成员期望看到的结果和行为,并提供建设性的避免类似问题的方法,帮助团队成员取得进步。一些团队成员面临缺乏沟通的惩罚会有极大的不满,但保持了沉默,不满积累久了就会导致团队成员产生离意,从而辞职。因此,要从企业的惩处流程上避免团队成员因惩罚而带来的误解。

书面警告用于口头警告无效、问题仍然存在的情况。管理者与团队成员进行第二次对话并记录谈话内容,以书面形式将惩罚原因、惩罚内容、惩罚行为和对团队工作的要求撰写后交给被惩罚者。在信件中可以详细说明需要怎么做来纠正这些问题,并就团队成员的工作目标提出建设性意见。在信件最后,也要鼓励团队成员就惩罚行为和内容发表自己的看法。书面警告的发放要保证团队成员的隐私。

在书面警告依旧不起作用的情况下,以书面形式给团队成员发送最终警告。告知团队成员什么行为违反了企业的哪些章程,并告知如果行为没有得到改善将面临停职或者被解雇。

设计管理者要保留与团队成员的通信记录,并将通信副本保存在人事部门。

5. 严格惩罚知识产权侵权行为

浏览其他设计作品获取灵感是设计师工作的重要部分,但是要明确获取灵感和抄袭之间的区别。知识产权以版权、专利、商标、商业秘密等形式受到法律保护，如图 3-4 所示。

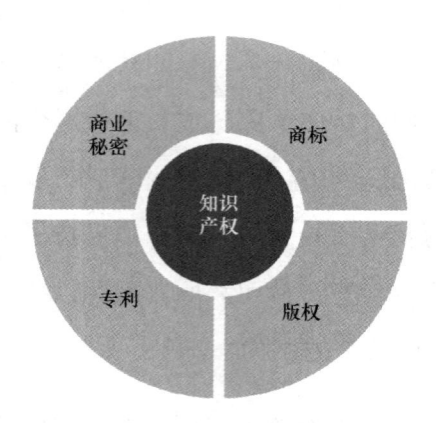

图 3-4　知识产权示例

企业章程中要设置对盗用企业知识产权行为的严厉处罚，无论是在职人员还是离职人员，都须明确不能盗用团队的知识产权，违反者会受到处罚。同时，在入职培训中就应让所有设计师都知道在工作上如何避免侵犯知识产权，预防团队成员出现侵犯知识产权的行为。

根据章程惩罚团队成员是为了更高效地实现团队目标，也是保证团队章程公平实施的方法。惩罚的方法有很多，有些有效，而有些可能不起作用。管理者如何运用惩罚措施和奖励措施是一门艺术，这要求管理者有创造力、创新精神和开放的思想。有些设计管理者喜欢奖励团队成员，却忽视了惩罚的运用。合理运用奖励和惩罚的组合，是一个设计师在成长为设计领导者的道路上需要学习和掌握的领导力技能。

核心梳理

奖励有基于团队整体表现的奖励和基于团队竞争的个人奖励两种，有些还会采取混合奖励模式。在制定奖励机制时，要考虑奖励的目标、了解团队成员需求并传达奖励机制。除了奖励,还要考虑奖惩结合,这是一种简单有效的对团队成员的反馈形式。设计领导者只有全面思考奖惩对象、奖惩方式、奖惩目的,才能得到有效的奖惩结果。

练习题

大家分为两组,分别代表奖励组和惩罚组。运用本节所学的奖惩结合原则,两组对战,一组提出奖励方式,一组提出惩罚方式。数量和质优的一组胜出。

3.4 设计师的工作权责

3.4.1 明确工作权责的重要性

设计工作中经常听到有人这样抱怨:"这本是他的工作职责,他却说不归他管,这让我好难开展工作!"团队成员中的职责模糊、权限不明确导致工作摩擦不断,岗位的权责利没有划分清楚,处理不好权责利对团队的士气影响很大,体现在以下几方面。

(1)团队成员不知道为团队做什么。

(2)团队成员浪费时间。他做的工作内容也许是别人正在做的事情,或者是不应该他做的事情。

(3)团队成员无法判断自己是否做得很好。如果角色和职责不明确,就很难确定将精力集中在哪里。

（4）团队成员之间摩擦不断。

定义团队角色和权责，并让所有人统一认知，可有效改善成员体验并提高团队效率。一个好的团队，一定也有一套对责权利定义对等的管理制度，为内部控制的建立提供更好的组织保证。

3.4.2 分配工作权责的步骤

权责分配可分为工作分析、岗位划分、职责界定和建立岗位责任制四部分。分配工作权责的步骤如下。

1. 分析工作范畴

分析并确定某项工作必须满足的特定需求、功能、时间表、成果。工作范畴的描述必须是具体的、易于理解的，且获得工作完成人的同意。

2. 划分工作职责

划分工作职责的时候，管理者要注意让合适的人做适合他的事，清楚自己团队成员的专业技能和软技能。可按照职能、任务、空间、时间进行工作职责划分[54]。

- 按职能分：按照一般企业的组织分工方式，如市场部、技术部、生产部等。
- 按任务分：按照临时性项目团队分工方式，如项目管理、设计、技术、客服、市场等。

- 按空间分：按照区域空间或者领域进行划分，如不同区域的项目团队。

- 按时间分：适合流程长、时间跨度大、参与人员多的项目分工方式，如设计项目的立项、调研、设计、生产、上市等阶段的项目团队。

3. 描述成功履行职责所需完成的任务和技能

任务或职责描述应该是具体的，工作职责的划分要对应时间要求、可使用的资源、工作的成果、质量的标准和审核的方法。

例如，企业寻找一位室内设计师来承接空间设计项目，工作职责要求如下：

- 实地调研工作地点，以分析空间的可用性、设计需求和空间用途；

- 与客户沟通，了解设计需求和客户对室内风格的偏好；

- 根据客户要求和空间可用性创建初始设计草图、颜色风格和设计概念；

- 获得客户批准后，撰写设计方案说明，制作设计图，为客户和施工人员做介绍。

- 雇用承包商、供应商来实施设计理念；

- 监督完成项目所需的所有原材料和物品的采购过程；

- 确保项目在既定的预算和时间内完成。

上述职责所需技能包括创意和技术能力、项目管理能力、设计沟通能力等。

4. 建立团队对岗位责任划分的认同[55]

团队的运作取决于每个成员都了解自己的角色和责任，有效地执行分配的任务。团队中的所有成员都应尽其所能地履行职责，使团队合作有效。面对面和线上合作的团队都是如此。

设计师经常以嵌入型、集中型、混合型的团队结构和跨部门人员进行设计开发工作。项目制合作是常见的合作方式。在项目制合作中，责权不明晰的情况易于凸显（摘自华通咨询官网），原因主要有以下几种。

① "这事交给你负责了，需要钱和人的时候来找我商量一下"。

这是项目经理在接受委任状的时候经常听到的管理者"重托"。可是一旦遇到具体用人、用钱、决策问题的时候，项目经理因为没有明确的项目权责利授权，从而无权决定是否应该用人和用钱，缺少和责任相对应的权力。项目选任项目经理，项目经理就要对整个项目负全部责任。但如果管理者对项目经理不给予足够与责任相匹配的权力，项目经理在项目实施过程中根本无法拍板，事事要请示，等待答复，这样影响了项目工作的正常开展，也影响了项目团队成员的士气。项目经理的责任和权力的失衡使其在工作中无法发挥作用，又害怕因失误而带来的直接责任问题[56]。这种项目管理是容易出现怠工和失败的。

② 项目团队无法统一各部门对项目的认知和目标，也缺乏调动其他部门人员的权力，导致项目组工作效率低。

设计项目的实施涉及多个部门的协同配合，项目团队由不同的成员组成。项目团队是临时机构，导致临时的项目团队成员对项目的工作不够重视[56]，如果项目经理缺少足够的权力协调其他部门成员的工作，甚者会出现在项目实施期间某部门突然将项目团队中的成员抽调走，从而导致项目停工或工期延误[57]。

③ 管理者未协调项目利益分配，成员工作没有积极性。

由于管理者没有基于项目利润的分配模式，项目团队成员无法看到项目成功与否对自己带来的直接效益，项目经理无法从利益方面激励成员的工作积极性。很多时候还需要依靠成员发扬风格或项目经理与成员的私人关系才使项目得以正常实施，这让项目执行管理举步维艰。

因此，设计师在进入项目组时，如果承担了项目经理的职责，这些责权利的问题应在接受委任的时候向上级管理者提出并与之商讨相应的解决方法。在项目制的临时团队中，更要注重"责权利对等"的管理。

> **核心梳理**
>
> 定义团队角色和权责，并让所有人统一认知，可有效改善成员体验并提高团队效率。分配权责时要分析工作范畴、划分工作职责、描述成功履行职责所需完成的任务和技能、建立团队对岗位责任划分的认同。

练习题

和你的创新小组一起来做一个职责分配的练习。（练习时间为90分钟）

1. 创建一个共享空间（线上或线下皆可）。（10分钟）
2. 围绕团队目标，制定团队任务。（10分钟）
3. 创建角色。（5分钟）

每个人都定义团队角色（如设计管理者、用户研究人员、概念设计师、结构开发人员、技术人员、市场人员、财务人员等）。如果一个角色需要多人承担，这个角色列一次；如果多个角色由一人承担，就列出多个角色。

4. 定义并写下团队中每个角色的职责。（15分钟）

注意，让思考专注于角色，而不是人。通过专注于角色，团队可以确定在该角色中取得成功所需的技能差距。

5. 确定自己的职责。（5分钟）

每个人都思考他在角色中负责的最重要的事情（通常是3～5件），将每个职责写在便签上，然后按重要性排序。

6. 讨论角色职责。（15分钟）

小组成员将对每个职责的理解写在便签上。大家把小组成员写的都看一遍后，可以在便签上添加自己的想法。小组一起讨论每个角色的职责和优先级，对角色的差异进行审查。如果有任何职责重叠，定义主要承担者和次要承担者。没有所有者的职责被移至无主部分。每个角色的承担者在所有人讨论职责结束后审查和自己之前思考的职责的差异性，可以拒绝或者接受新的职责。小组确定后无人认领的职责，后面集中讨论。建议最后确定角色职责的是团队的管理者。

7. 审查无主职责。（15分钟）

对没有角色愿意承担的职责，小组一起讨论它们不适合角色的原因。如果确实不属于任何角色，就要看看是不是需要建立新的角色。

8. 总结并确定接下来的步骤。（5分钟）

结束时，总结角色和职责。确定每个人都有自己的角色和职责，以及工作的时间表。将这份分工职责以文件形式记录下来。

3.5 绩效考核

优秀的设计师是商业成功的关键，可以提升客户满意度，并帮助创造商业价值。设计团队希望展现设计师的工作绩效，将设计与企业战略和收入目标联系起来。如何衡量设计师的绩效是困扰许多设计管理者的问题。绩效考核是每个团队人事管理的重要内容，涉及企业员工所承担工作的科学定性和定量的各种方法，是对员工工作的实际效果与对企业贡献进行的考核和评价[58]。通过定期的设计师绩效评估，更容易提高团队整体绩效并提升管理者对团队成员的进步、优势和劣势的洞察力。

销售人员用销量考核，生产人员用成本和产量考核。然而，设计是以创意为中心的工作方式，在企业中的作用可能因企业不同而异，因此设计管理者可以与工程、市场等设计的利益相关者一起制定评价设计工作的重要考核标准。衡量设计对业务的影响没有单一的方法，目前有企业运用以下主观和客观相结合的标准来评估设计师的工作绩效，可供参考。

1. 市场价值

商业设计师的任务是创造客户满意的产品让客户盈利，并推动商品或服务的销售，因此设计的重要评价标准是市场价值和客户"采用率"。例如，客户选择了设计方案吗？它是上架了还是播出了？它量产了吗？客户能否量化销售增长？客户满意度是多少？有多少人在社交软件中单击了喜欢和分享按钮呢？

2. HEART 框架[59]

Google 的 HEART 框架是一个以用户为中心的衡量产品体验的工具，如图 3-5 所示。HEART 中的每个字母都代表一种用户体验的测量标准。数值化愉悦度（Happiness）、参与度（Engagement）、使用率

（Adoption）、留存率（Retention）、任务完成率（Task Success）这五个指标方便我们比较、分析设计目标与产品体验之间的差距，从而能客观地衡量 UX 设计师的绩效 [59]。

HEART框架是Google开发的一个以用户为中心的指标框架，用于衡量设计的成功程度，帮助产品和开发团队做出明智的决定，以满足业务和用户的需求。

	设定目标 （关键用户的任务）	定义信号 （获取用户体验参数的渠道）	选择指标 （可量化用户体验参数）
Happiness 数值化愉悦度	用户满意度：用户寻找有帮助的、有趣的、简单的应用程序去使用	· 回应调查 · 留下五星级评级 · 留下用户反馈	· 净推荐值 · 客户满意度 · 五星好评数
Engagement 参与度	用户内容发现：用户享受应用程序内容并参与其中	用户在应用程序上花费的时间	· 平均会话长度 · 平均会话频率 · 转化率（消费内容、上传文件、购买等）
Adoption 使用率	用户引导流程：新用户看产品或新功能的价值	· 下载、启动应用程序 · 注册一个账号 · 使用新功能	· 下载速度 · 注册率 · 功能采用率
Retention 留存率	用户忠诚度：用户不断返回应用程序来完成一个关键操作	· 在应用程序中保持活力 · 更新订阅 · 重复购买	· 流失率 · 订阅更新率
Task Success 任务完成率	用户迅速且简易地完成他们的目标	· 快速查找和查阅内容 · 高效率完成任务	· 搜索退出率 · 事故率

图 3-5　HEART 框架

3. Twitter的前设计主管绩效考核四标准

Twitter 的前设计主管麦克·戴维森（Mike Davidson）征求与设计师一起工作的相关人员的意见，并综合设计管理者的意见进行评价，运用的考评设计师绩效的四项标准如下所述（资料来源于 mikeindustries

网站）。

（1）把事情做好。设计师是否顺利完成了接手的工作内容？是否加倍努力完成了工作？设计师解决问题了吗？这一标准既是衡量可靠性的标准，也是衡量效率的标准。

（2）创造强有力的关系。设计师与所在团队、其他部门合作良好是至关重要的。产品开发是一项团队工作，合作能力是设计工作成败的重要因素。如果团队中有一名设计师，工程师都想和他一起工作，那将是有助于建立强有力的关系的。

（3）改善团队。高绩效的设计师帮助团队和企业中其他人成长，从而改善团队。在一家企业里与其他优秀的设计师、工程师、项目管理人员和研究人员一起工作的好处之一在于你的职业成长是自动而快速的。Twitter 设计团队鼓励设计师通过做一些事情让他的队友变得更好，如关于原型设计、头脑风暴和其他重要技能的会议。此外，鼓励设计师积极主动地帮助队友，无论项目是不是个人的工作职责。

（4）技能、同理心和远见。设计师是否在他的角色中表现出才华和技能？Mike Davidson 认为技能、同理心和远见是大多数人看重的关键个人技能。Mike Davidson 特意让它们只占绩效考核的 25%，以强调前面三项标准的重要性（资料来源于 Mike Davidson 的个人博客）。

4．设计方案的美感评估

评估设计的美观性可能是主观的，并会根据设计本身的类型或目的而改变。但是一个经验丰富的设计管理者在看到精美的设计方案时能判断它的优劣。具有美感的设计方案具有独特的魅力，能让设计管理者眼前一亮。

5. 工作量标记

对每名设计师的工作文件进行标记，在定期的工作审核时，这是一个很好的工作量参考。

6. 工作态度考核

日常工作态度也是设计师绩效考评的重要依据，例如，是否准时上班？是否能耐心接受修改反馈？是否在方案评审时准备好方案？是否在一天内响应设计要求？汇报文稿的视觉呈现效果是否优异？设计师对工作有没有策略性规划？在头脑风暴会议上积极参与吗？是否带来有价值的意见？有没有积极地为团队的工作氛围带来有贡献和创意的方案？设计师的客户关系如何？

设计师的绩效是影响商业成功的重要因素。设置反映业务背景和目标的设计师绩效标准能使设计工作的价值被看见。但是，没有一个绩效考核框架适用于所有组织，不同的企业会采用不同的方法和框架评估设计价值和有效性。一些企业关注客户满意度，一些企业则关注重新设计前后的产品表现。设计管理者和设计师及利益相关者一起围绕设计质量、设计的影响度、设计工作的响应时间和交稿时间、成本等主客观标准，制定设计师的绩效考核流程，明确相关考评负责人，确保整个评估流程易于操作且被团队成员接受，并有详细的记录。

> **核心梳理**
>
> 设计师的绩效是影响商业成功的重要因素。绩效考核是每个团队人事管理的重要内容，通过定期的设计师绩效评估，更容易提高团队

整体绩效并提升管理者对团队成员的进步、优势和劣势的洞察力。

衡量设计对业务的影响没有单一的方法,目前有企业运用一些主观和客观相结合的标准评估设计师的工作绩效,如市场价值、HEART框架、Twitter 的前设计主管绩效考核四标准、设计方案的美感评估、工作量标记、工作态度考核等。

> **练习题**
>
> 分析文中 6 种衡量设计师绩效的方法,总结它们的优势和劣势,并讨论在今后设计管理工作中会如何制定设计师的绩效考核标准。

3.6 设计团队协作的障碍

美国的帕特里克(Patrick Lencioni)是圆桌咨询公司(The Table Group)创始人,他在《团队协作的五大障碍》一书中提出表现不佳的团队中有五个潜在的障碍,分别是缺乏信任、害怕冲突、缺乏投入、逃避责任、忽略团队成果。当团队出现这些障碍时,设计领导者要足够重视并着手解决[60]。

3.6.1 第一障碍:缺乏信任

缺乏信任的问题经常发生在团队或项目建立初期。没有信任就不会有真正的协作。团队缺乏信任的现象包括:没有人真正征求反馈意见和寻求帮助;对彼此的意图和动机缺乏信心;开会发表意见的时候都是防御性的；不承认自己的错误、弱点或不寻求帮助。

1. 团队信任的重要性

WorkStyle 的联合创始人内森·墨菲（Nathan Murphy）说："一个团队的成功与决策和付诸行动的速度直接相关。当这个过程因团队内部沟通不畅和信任不足而受到阻碍时，一切都会变慢，而且往往会倒退。信任能促进团队的发展和成员的成长[61]。"

Handsome 是美国一家专注于体验设计、创新和技术的数字机构，曾与 Nickelodeon、FedEx、Facebook 和 Home Depot 合作。在设计项目开展过程中，除鼓励探索和开放对话外，该机构非常关注团队信任的建立，专注于创造一种协作、指导和自主的文化。

2. 缺乏信任的原因与解决方法

要解决问题，需先找到问题的源头，了解团队中没有建立信任的原因，如部分成员不履行自己的承诺、不分享有用的信息等。

（1）缺乏信任文化。

团队内的氛围是相互感染的，如果你信任别人，别人就信任你。管理者要以身作则，向成员表明我信任大家。成员会慢慢观察你的行为，并向你学习。当你做出承诺时，要按时兑现；当你缺席或者请假时，请告知原因。你的成员会把你作为榜样，一样也会信任你和其他团队成员。长期下去，团队就会慢慢产生信任文化。

（2）沟通不畅。

团队的信任与沟通是联系在一起、不断循环发展的，当成员相互信任时会沟通，越沟通他们越相互信任。管理者可以设置一些定期的沟通会议，为团队成员创造交谈的机会，团队成员讨论工作进度，并共同研究遇到的问题。持续性的相互分享、开放式的沟通，带来团队议程的透明，促进成员的相互信任。

（3）缺乏了解。

建立信任的一种方式是让团队成员相互熟悉并牢固联系。管理者要创造成员可以相互分享个人故事的机会。例如，每周抽出一天邀请成员喝下午茶，在这个时间里让他们询问彼此的兴趣爱好或简单的家庭状态。管理者也要分享自己的一些经历或者价值观，并鼓励成员一起讨论。开展加速了解彼此偏好的工作方式的团建活动，可以促进团队成员相互联系。

（4）缺乏鼓励。

在团队成员一起工作时，成员不可避免会出现一些错误。此时，领导者或其他企业成员容易对其产生责怪心理，进而营造不愉悦的气氛。相反，在遇到问题或困难时，团队内成员相互鼓励，帮助对方提出建设性意见，将会促进团队的和谐。领导者要经常公开认可优秀的工作和成就，鼓励个人成绩并经常征求反馈意见。

（5）内部小群体。

有些设计团队会在不经意间产生小群体，例如，6个人有十几个群，他们通过不同的群进行不同话题的沟通，这往往会对团队的团结产生一定影响。有些成员可能会产生一种被排斥在外的心理，从而不信任其他成员。领导者要尽量避免这种情况的发生，明确告知大家不可以"拉帮结派"，要真诚对待每个合作伙伴。

3.6.2 第二障碍：害怕冲突

即使是在最优秀的设计团队中，冲突也是难以避免的。冲突对团队来说非常常见，但不少团队成员害怕冲突。

1. 害怕冲突的现象

- 团队成员无法就重要问题和意见分歧进行相互尊重的讨论。

- 无效、无聊的讨论会议。

- 不能正确处理团队成员有用的意见和观点。

2. 缓解措施

领导者要学习周旋冲突以避免产生严重不良结果，如辱骂、暴力行为、结束合作等。团队成员不要害怕冲突，学习去拥抱它。下面介绍处理冲突的方法。

（1）寻找冲突

当成员产生冲突时，管理者需要知道冲突产生的原因和过程，可以通过沟通或者跟进个人的进度，了解他们的疑虑和产生的问题。

（2）劝阻冲突

在冲突产生时，管理者可考虑多方面的因素，并始终专注企业的整体目标。当成员产生冲突时，及时提醒，并站在对方的角度，达成一个满足企业工作要求的结果。

（3）将冲突视为机会

并非所有的冲突都是坏事，几乎每场冲突中都隐藏着学习机会，存在分歧的地方会有增长和发展的内在潜力。对管理者和成员来说，处理冲突是一个学习机会，要学会在高压下解决问题。大家要以客观且富有同理心的心态去管理关系。

设计师和工程师因学科背景的不同往往会产生一些冲突。当工程师认为设计不合理的时候，作为管理者需要做的第一步是倾听：先放下自我观点，倾听工程师的想法。可能从工程师的角度思考，这个观点是有效的，他们与设计观点产生冲突，也是希望能够得到更好的设计。第二步是询问：向工程师提出为什么觉得设计是错误的疑问。仔细分析工程师给出的答案，与工程师探讨，当场改进设计。第三步是提出自己的想法：与工程师沟通你所熟悉的用户使用模式和设计背后的原因。当工程设计模式与用户设计模式产生冲突时，应相互讨论，找到一个适合的方法来解决设计问题。

3.6.3 第三障碍：缺乏投入

1. 缺乏投入的现象

- 当团队成员缺乏投入时，经常会听到"我不知道""那不是我的问题""其他人正在研究它"。

- 当设计交付时,开发人员总是指出它不可能实现或太复杂,却不花力气去解决技术难题。

- 团队成员对团队的事务不够投入,不够关心。

2. 缺乏投入的原因与解决方法

(1) 工作没有得到认可

有些成员因为自己的努力没有得到预期的认可,会缺乏对自己工作的欣赏。每个成员都有自己的期望,管理者要学习表达对成员的认可。例如,答应完成这个项目后会提供 5000 元奖励,或产品达到 10 万销售量后,给予 2% 的利益提成或给予职位发展的机会等。

(2) 没有成长机会

有些成员本来对职业发展有很大兴趣,当看不到晋升的希望时,会对工作缺乏投入。管理者要充分了解成员的终极职业愿望,如果一直忽略成员的目标,那么他们可能会认为自己达到了企业的天花板而想要转向满足下个阶段职业发展的新企业。

如果成员对职业晋升有兴趣,领导者可以与其一起制订职业计划,一起讨论成员的目标职位,以及为走到这个职位需要付出哪些努力。即使企业规模比较小,晋升空间有限,领导者也要尽力为其寻找成长的机会,例如,详细地介绍企业内他们感兴趣的其他部门。

(3) 缺乏自主性

有些成员喜欢被信任的工作,但有时组织上的繁文缛节或系统上的复杂会让他们感到沮丧。领导者要依据成员性格和岗位特点，给予成员一定的主动权，让其能在一些简单的工作中做出相关决策。成员有了"主人公"的心态，便会慢慢对工作产生兴趣。

（4）企业目标与个人目标不一致

当成员发现自己的价值观与企业的价值观产生冲突时，他们将不会全力地投入工作中。领导者需要花费时间和精力，让所有人都能明白企业目标、项目目标，并将个人目标与企业目标融合在一起。

管理者召集所有人围绕问题陈述，让整个团队参与客户旅程地图和服务蓝图的讨论。花时间带领团队了解项目的利益相关者，包括客户和供应链代表。管理者需要支持所有团队成员表达意见。同时，一旦团队做出了共同的决定，就需要发送一致的信息，说明需要做什么、由谁来完成、何时完成。

3.6.4 第四障碍：逃避责任

1. 逃避责任的现象

- 团队成员不为他的项目任务负责，害怕给出诚实的意见。

- 当其他人的行为对团队的利益产生不良影响时，大家保持沉默。

- 团队成员感觉设计只是一份交易性程式化的工作，没有真正去深入调研、用心解决问题。这会影响团队的成果，也影响团队关系和士气。

2. 解决"逃避责任"障碍的方式

（1）开会沟通

当团队成员不想为项目仔细思考并负责时，管理者可以召集大家开会，提出团队标准和目标中的难点，请所有团队成员一起思考，并提出要求。例如，在思考 10 分钟后，要求每位成员提出 2 个以上的问题解决方案。

（2）拥抱歧义

每个人的思想都是不一样的，大家要学习包容团队成员的其他想法。包容和同理心是推动团队成员承担自我责任的重要手段。当其他成员尽量包容自己的时候，成员往往会设身处地为团队和团队项目着想。

（3）鼓励明智冒险

领导者要为创新的冒险创造安全的环境，面对团队成员因冒险产生的不好结果，不要惩罚积极的成员，而是支持他，帮助他从错误中吸取教训，鼓励多次尝试。

（4）设置容错机制

鼓励团队成员冒险，但是要设置限额，领导者不能让整个部门承担个人导致的业务风险。在团队的沟通和流程中设置容错机制，让成员明白团队可承担风险的范围并制定程序来审查一些可能超过范围的行为。失败乃成功之母，那些被容忍的错误会变成团队前进的动力。

（5）探索新思维

创新不是只在研讨会上思考的问题，而应该存在于团队成员的日常工作中。领导者应鼓励探索新思维并建立相应制度。

特斯拉的领导者埃隆·马斯克（Elon Musk）采用扁平化的管理结构，要求领导层以身作则、亲身实践，要求员工以特定方式进行跨部门工作。这种方式可以有效打破工作区域的孤岛和障碍，促进团队的创新。

3.6.5 第五障碍：忽略团队成果

有时，团队成员更关注自己在组织中的地位和权利，倾向于提出领先集体目标的职业发展、认可等需求，忽略团队的发展需求。

1. 宣传成果以更加重视

领导者可以多让团队成员向更广泛的受众宣传团队的优势和集体的成果，如亲戚、朋友、同学等。在宣传的过程中，团队成员了解了团队成果的珍贵，获得了更多赞扬，并明白团队成果的来之不易，从而更加珍惜。

2. 奖励集体成就

当团队集体完成一个项目或者获得一些成绩时，要奖励团队内的每个成员，使其产生团队归属感。当成员把自己作为团队的一分子后，将会更加重视团队成果。

> **核心梳理**
>
> 设计团队协作中有五个潜在的障碍，分别是缺乏信任、害怕冲突、缺乏投入、逃避责任、忽略团队成果。当团队出现这些障碍时，

设计领导力：基于商业模式创新的设计管理

> 设计领导者要对五大障碍现象进行分析，足够重视并着手解决。

🌸 思考题

　　思考平常设计团队协作中是否存在缺乏信任、害怕冲突、缺乏投入、逃避责任、忽略团队成果的障碍的情况，并思考解决的方法。

第 4 章
设计管理者的领导力

设计管理的研究范围涵盖设计机构、设计部门、设计项目的策略管理、团队管理和设计流程管理等广泛内容。

设计管理让企业获得经济、社会、文化层面的竞争优势。通过设计流程、商业模式创新和设计战略管理，可以创造高效的产品、服务、沟通、环境和品牌，从而提高人们的生活质量；增强"设计"与"商业"之间的协同，提升设计效能。

美国设计管理协会（DMI）提出，设计管理是设计的商业层面，范畴十分广泛。本书针对高校设计类专业本科生和研究生在设计团队管理中的领导力技能需求，围绕设计管理的核心理念和方法，以提升设计师的领导力为目标，帮助读者学习建立卓越的设计团队、创造出色的产品和服务的领导力知识与技能，提升读者在设计团队内外的影响力，使其成为合格的设计领导者。

4.1 领导力的五个层级

领导和管理通常被认为具有相近的功能，每个领导者都可能担任过管理角色，然而，并不是每个管理者都是领导者。两个词的差异在于，管理者通常专注于组织团队和执行任务；而领导者在实施管理者监督的同时，让团队中的每个人都受到启发和激励，并帮助他们成长，确保每个人都朝着同一个方向前行。

"领导力"不止是如何当管理者。真正的领导力不是指拥有特定的工作头衔或者管理者职位[62]。担任某一个职位的管理者是高效领导者达到的最低层级。领导力大师约翰·麦克斯韦尔（John Maxwell）依据领导者对员工的关系及控制力，将领导力划分为五个层级，从下往上依次是职位型领导者、认同型领导者、成果型领导者、育人型领导者、领袖型领导者。这五个层级是递进的关系，越卓越的领导者，所在的领导力层级越高[63]。

设计团队通常是规模不大的中小型团队，团队工作是常态。而管理者如果把成员看成工具，认为管人等于控制人，希望成员无条件服从，这样的团队往往走不长远，而且管理者也很难实现项目和管理的成功。如图4-1所示，了解这五个层级的领导力内涵，有助于我们成为具有领导力的设计师。

4.1.1 职位

80%的人认为领导职位是体现领导力的最高表现，你的职位越高，你的领导力越强[63]。但约翰·麦克斯韦尔认为，这只是领导力的开始，属于领导力的第一个层级。因为在这个阶段，人们靠的是用权力去领导他人。你的团队成员之所以跟随你只因为你是领导，不得不听从于你。它始终无法替代真正的领导力。在这个阶段，管理者的主要工作是分配任务给团队成员[63]。

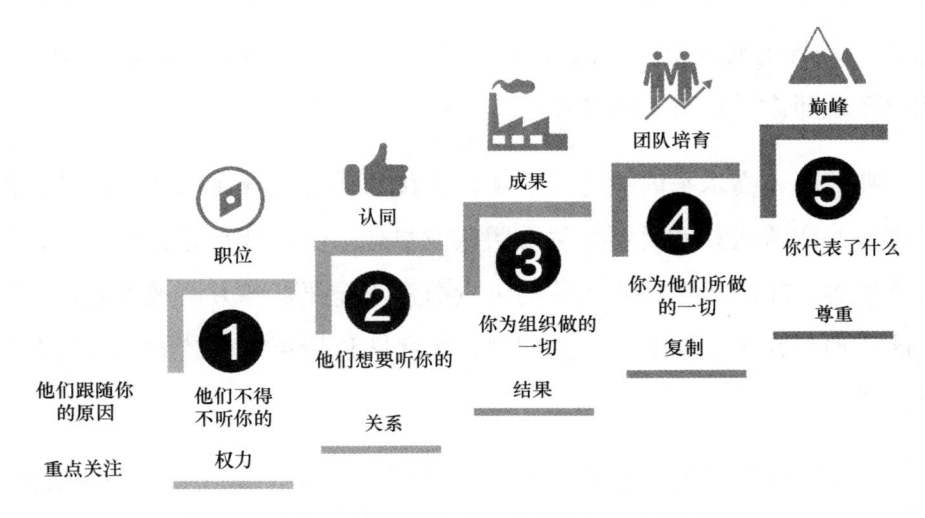

图 4-1　约翰·麦克斯韦尔提出的领导力的五个层级[63]

如果你对团队和项目的管理只是分配任务和检查任务，而缺乏团队领导技能，团队成员可能会用最少的付出来完成这份工作。当人们不愿付出最大的努力时，最好的才能不能发挥到极致，组织也无法变得优秀，企业也无法实现卓越（资料来源于泰普洛领导力网站）。这种状态持续时间越长，成员流动率就越高，士气也会随之下滑。因此，"职位不能造就领导者，而是领导者造就了职位"[64]。

4.1.2　认同

领导力的第二个层级是认同，人们之所以跟随你是因为他们认同你（资料来源于泰普洛领导力网站）。除以身作则外，建立良好关系是这个层级的关键词。若要从第一个层级进入第二个层级，则要学习如何与团队建立良好的关系，如何真正发自内心去关心团队成员[63]。

管理者往往要承担起建立良好人际关系的压力。约翰·麦克斯韦尔提出，如果你不能真正发自内心地去关心他人，就不应该做一个领导者[63]。领导者要肩负更多的责任，对团队负责。因为你的团队不是因为职位而跟随你，是因为你本人。

高效率、高水平的设计能力是一个优秀设计领导者的基本条件，但处理好与团队成员的关系、关心团队成员是一个设计领导者必须具备的基本能力。团队成员作为团队的宝贵财富，需要从各方面被关爱，这样才能让他们在工作上有更好的回馈，为团队创造更多的绩效，推进企业快速发展。

一个团队领导者，经常会有树立权威的想法。权威并不是板着脸，让团队成员敬而远之，这对现有的团队建设和团队扩张是非常不利的。虽然保持沉默有助于建立权威，但是不要忘了营造良好的沟通氛围。现在设计企业的人员构成非常年轻化，以"Z世代""千禧一代"的设计师为主，他们喜欢轻松平等的工作氛围。领导者可以力所能及地为团队创造良好的工作环境，如宽敞的空间、明亮的灯光、符合人机工程学的办公桌椅、绿色植物、整洁的洗手间及茶水间，让员工以一种愉悦的心情来工作，从而提高工作效率。

员工进入企业后，希望能通过努力得到良好的发展，因此团队领导者更应重视团队成员的职业生涯规划。可以在员工一开始进入企业时就明确晋升路径，通过多种方式让团队成员持续维持进步的状态，使其获得成就感，同时也对团队产生归属感，认同努力工作一定可以收获更高的职位和薪酬，起到很好的激励作用。

在领导力的第二个层级，除以身作则外，还要塑造良好的团队关系，这是领导力的基础。要想影响他人，就必须走到他们的中间，和他们建立起连接。如果在这个层级做得好，得到的回报也是丰厚的。你的团队会更加团结，有更优质的产出。每个成员都更加热爱自己所做的事情！团队的工作效率会是第一个层级的几倍[63]。

4.1.3 成果

在成果层级，团队成员跟随你是因为你能做出成绩来。领导者不仅要求别人做到什么，自己也要努力做出成绩，通过不断的实践让企业成功，跟随者才会络绎不绝[63]。人们追随你，是因为你为企业所做的事情，企业因你而变得更好；人们谈论起你时会说："他来之前，我们公司是亏损的，由于他的到来，我们开始盈利了。"员工的士气大大提高，人们对你表现出尊敬。领导者的声誉和别人对你的信任，是建立在你已经做过和正在做的事情上。因此，带领团队做出优秀的成果是建立领导力的必经过程。

例如，2011年，AMD因在与Intel的竞争中处于劣势，销售业绩持续下滑。这时AMD从飞思卡尔挖来了苏姿丰负责公司的全球业务。苏姿丰24岁拿到麻省理工学院的电机博士学位后先后担任过IBM和飞思卡尔的高管。在苏姿丰领导期间，她没有让管理层失望，推动了一系列技术策略和管理经营上的变革。与微软、索尼的游戏机芯片大单，就是在该时期签订的。2020年，已经更新到第三代的Zen+架构CPU让AMD在中高端产品线拿出了与Intel旗鼓相当的产品。2022年，苏姿丰还完成了芯片业史上最大的并购案，AMD以500亿美元收购芯片设计大厂赛灵思（Xilinx），使AMD的商业地位一步一步比肩Intel。负责这些工作的苏姿丰获得了董事会肯定，进而成为新任董事长，同时兼任 AMD 总裁。苏姿丰凭借自己的努力与成果，带领企业从困境中走出，这不仅大大提升了她在团队中的领导力，也使苏姿丰成为科技界具有影响力的传奇人物。

约翰·麦克斯韦尔说人们只希望跟随成功者，希望进入行业龙头的团队和企业。当你不断做出成绩时，不用宣传，自然会有人要跟随你；当你固步自封犹豫徘徊时，人们不会来找你，更糟糕的是那些跟随你的人也会一个个离开。

约翰·麦克斯韦尔认为在领导力的第三个层级要让自己做到最好，而不仅仅要求别人。当你成为一个成果卓越的领导者之后，你可以用行动告诉别人怎么做，跟随你的人也会去做同样的事情。人们不是"听"你做什么而做什么，而是"看"你做什么而做什么[63]。

4.1.4 团队培育

如果你是一个很好的成果型领导者，开始建立信誉度和品牌，但只有你一个人或者部分人在做[63]，团队效率就还不够高。因此，要开始学习如何培养他人、培育团队，从而进入第四个层级。把自己的专业技能传授给他人，让团队成员也可以做与你相同的事情，这样团队效率可以倍增[63]。在领导力的第四个层级，人们跟随你是因为你能培养他们成为想成为的人。

领导力第四个层级所在的阶段是团队生产力倍增的阶段。你的组织开始拥有各种各样的优秀人才，这些人才因为你而团结在一起，每个人都能发挥出自己的潜能，在你的带领下不断地成长[63]。

例如，阿里前 CEO 马云，一直注重培养团队成员。阿里创业之初，彭蕾还是新人，马云对她委以重任，让她担任阿里的 HR，管钱管人管市场，非常注重对她的培养。彭蕾逐渐成为马云的"左膀右臂"，经过阿里的多年磨炼与马云的培养，于 2010 年 1 月兼任支付宝首席执行官。当时支付宝产品体验非常差，为此彭蕾带着团队没日没夜地加班，听取用户意见，一步步完善支付宝网购功能，同时在支付的基础上大做文章，在支付宝页面推出各种生活服务，使阿里的影响力从中国蔓延到全球。马云对团队成员的培养，让更多人愿意进入阿里工作，这使得团队效率与生产力倍增。

领导者培养的人也在培养他的下属，建立起同样的组织文化与行为习惯[63]。

4.1.5 巅峰

巅峰是领导力的最高境界。人们跟随你是因为敬仰你的所做所为和所代表的领导力。当你把第三个层级和第四个层级要做的事情做得够久的时候，你赢得了更多信誉，你和组织影响并培养了更多的人才。此时，你将自动来到第五个层级，这是一段成长的旅程[63]。在这个旅程中，你需要经常寻求建设性的反馈，寻找经验丰富的人来做指导，学会有目的地控制，学会赋权团队，保持终身学习。在这个阶段的领导者，人们敬仰你是因为你超凡的个人魅力和声誉[65]。

通过对领导力五个层级的学习，在以后作为设计团队管理者或者创业者，你会明确自己处于领导力的哪个层级，了解在此阶段自己领导力提升的目标和方向。团队成员也会根据你所处的领导力层级来决定自身的行为。你的领导力层级越高，你的领导力越容易实现，在团队内外部获得的配合和认可度也越高。

无论处于领导力的哪个层级，我们都要认识到重要的一点，即设计领导者不仅仅是创新的引领者，更是社会责任的担当者、时代文化的示范者。在中国人的精神世界里，国家、家庭和个人是密不可分的整体，无论是"先天下之忧而忧，后天下之乐而乐"的大任担当，还是"人生自古谁无死，留取丹心照汗青"的赤胆忠心，家国情怀早已沉淀为中华儿女的内在品格，也是评价我国设计领导者的重要标签。在一代代优秀的创新领导者创立的事业中，我们可以看到爱国情怀与创新精神相遇，面对新一代信息技术、量子计算、人工智能、生物技术的飞速发展，我国企业更多的创新将进入蓝海，更需要发挥设计领导者的重要作用，带领一批人甚至一个产业前行。设计领导者，要在团队中厚植家国情怀，面对挑战身体力行，勇于担当社会责任，带领设计师在创作时承担正确引导社会民众意识形态的社会责任，在产品和服务的解决方案中融入家国同构、共同体意识和仁爱之情，寄予民族精神、爱国主义、乡土观念密切的联系，又强调增强民族凝聚力、建设幸福家庭、提高公民意识的时代价值导向。对设计领导者来说，服务国家一定是最高追求。

核心梳理

领导力学者约翰·麦克斯韦尔（John Maxwell）依据领导者和员工的关系及控制力，将领导力划分为五个层级，从下往上依次是职位型领导者、认同型领导者、成果型领导者、育人型领导者、领袖型领导者。这五个层级是递进的关系,越卓越的领导者,所在的层级越高。领导力的提升是一个循序渐进和终生学习的过程。

> **思考题**
> 设计领导者的成长会经历哪五个阶段?在每个阶段需要应对哪些管理的挑战?

4.2 设计领导者的动态角色

设计领导者在设计项目中的角色动态变化是调节团队成员士气的有效方法。项目是动态变化的,设计领导者的参与方式和参与度也会动态变化和调整。

4.2.1 设计发现阶段

在设计发现阶段,设计领导者告诉团队打算做一个令人兴奋的新项目,希望大家了解这个项目的重要性,告知他们是合适人选的原因。设计师在这个阶段经常会有疑问:"我为什么要从事这个工作?"因此,在这个阶段,设计领导者是一个好的推销者,让大家认同这个项目符合团队目标,并能给每个人带来成长和利益,如图 4-2 所示。

飞利浦设计中心新产品设计项目启动阶段,任务是价值定位和了解市场风险。在项目正式启动前,飞利浦公司会召集产品经理、事业部经理、营销经理、技术开发部门和终端驻点销售人员,甚至供货商或经销商,开展一次启动会议。在此阶段,大家一起对价值进行定位,包括产品面向的市场、客户、产品目标等。会后，设计领导者向设计团队所有成员传达会议上确定的目标和定位，让设计师清晰了解新产品的价值，如"市场部、客户服务部门都研究发现专为老年人设计的剃须刀具有很棒的市场前景"。设计领导者将这些跨部门成员对项目的肯定传递给设计师，提高了设计师团队成员的积极性。

团队设计师：
我为什么要从事这个工作？

设计领导者：
一个推销者。让大家认同这个项目符合团队愿景和个人利益。

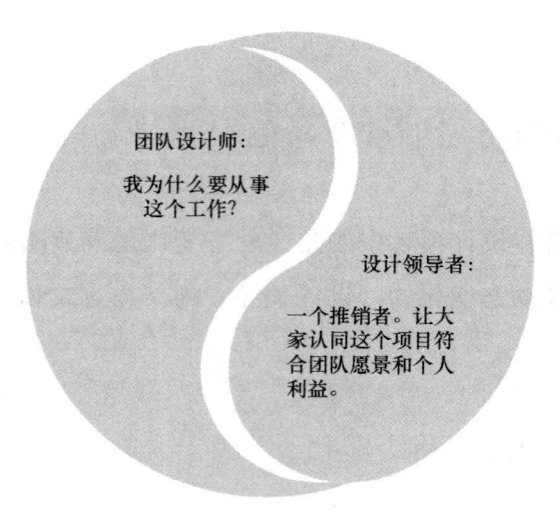

图 4-2　在项目发现阶段领导者的角色

4.2.2 项目定义阶段

在项目定义阶段，设计领导者是一个积极的合作伙伴，帮助团队成员确定项目目标，提出限制，赋予自主权，并提供项目所需的资源和协助。在这个阶段，团队成员还不明确成功是什么样子，对方案也没有具体的想法。这个阶段团队成员的状态是负担重，压力大，如图 4-3 所示。

团队设计师：

负担重，
压力大。

设计领导者：

一个积极的合作伙伴。

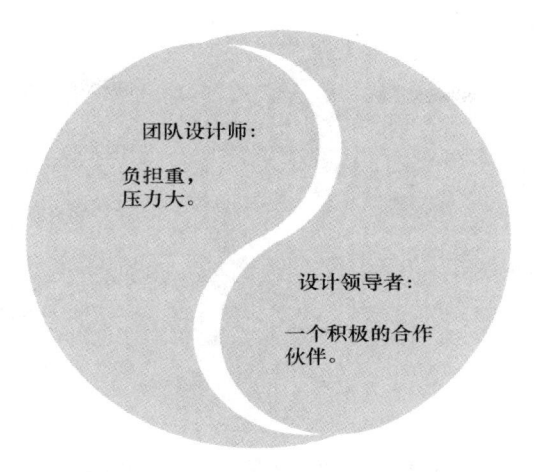

图 4-3　在项目定义阶段领导者的角色

项目定义阶段是把握设计问题的关键阶段。领导者与设计团队成员将一起分析总结用户痛点，一起收集竞品信息，进行 SWOT 分析，最后得出设计目标。领导者和团队成员一起成立项目组，挑选出合适的设计师，为其准备好相关资源；明确责任人、项目目标和项目预算等。

4.2.3　方案构思阶段

项目的方案构思阶段是一个关键阶段，设计师明确了目标，获得了信心，开始绘制草图，制作模型。设计领导者逐渐放手，留给设计团队更多的空间自主探索。如果设计领导者依旧深度参与方案的具体设计，容易让手下的设计师失去主动性。设计领导者前期和团队对设计目标、流程、自主权、限制进行讨论，让各个部门对设计团队的问题和设计目标进行随时反馈。在这个阶段，设计管理者的角色是放权者。放手设计师，让其决定合并或删减各方设计意见，鼓励团队成员多听取意见并打开解决问题的思路，这对创新方案有很大推动作用，让设计师对项目和后续工作充满信心，如图 4-4 所示。

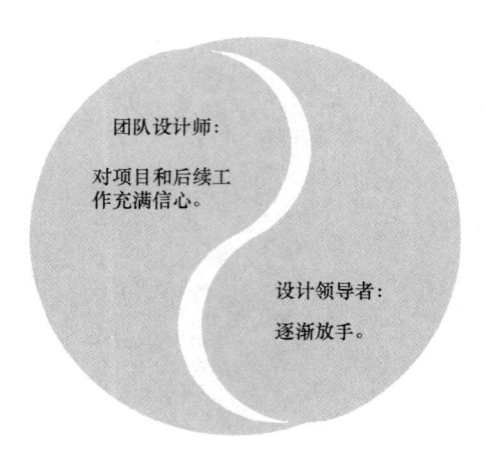

图 4-4　在方案构思阶段领导者的角色

例如，在飞利浦剃须刀开发的方案构思阶段，考虑到老年人因生理因素剃须时间更长，设计师让剃须刀通过感知胡须状态来调节电动机转速以轻松剔除浓密粗硬的胡须，同时可以采用360°刀头灵活贴合任何面部轮廓以轻松剔除边边角角的胡须。在进行这些具体设计时，应以设计师的具体操作意见为主，领导者不过多限制。

4.2.4 项目交付阶段

当方案交付开发设计后，领导者继续给设计师自主权，并成为宏观问题的指导者。这也为其他部门的开发人员解决问题并添加新想法留下了空间。在此阶段，设计领导者是大家思想上的伙伴，而团队设计师解决各种技术和细节问题，如图4-5所示。

在项目交付阶段，设计团队将对多种解决方案进行验证，选择最佳方案。以飞利浦剃须刀的设计案例为例，在项目交付阶段需要不断对设计方案进行验证。领导者根据品牌属性对产品从功能、人机界面、美学特征、材料应用上分析产品的可行性，挑选方案。

团队设计师：
解决各种技术和细节问题。

设计领导者：
宏观问题的指导者，思想上的伙伴。

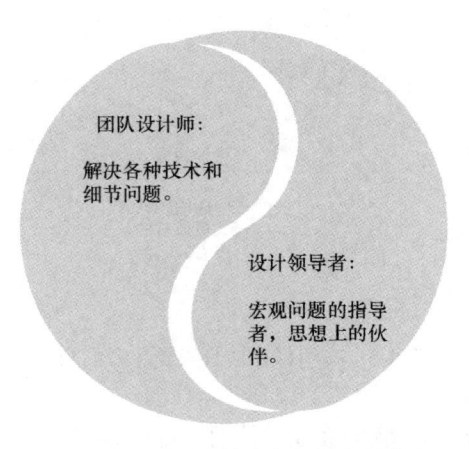

图 4-5　在项目交付阶段领导者的角色

4.2.5 项目评估阶段

在项目部署完成后，设计领导者的角色任务是认可团队成员的成就，对项目经验进行认知和总结，识别并梳理问题。越有才华的设计师，对自己的产品越有极致追求。他看到的经常是错误的两件事，而不是正确的十件事。此时，设计领导者要召开总结会议，认可团队成员的成就，对比设计方案的第一个版本和最终版本，帮助大家总结为什么最终的结果是最好的。在这个阶段，设计领导者的角色是问题的识别者、成员成就的认可者，团队成员进行总结与自我批评，如图 4-6 所示。

在整个设计流程中，领导者观察团队设计师在项目不同阶段的工作状态，根据不同的设计阶段扮演相应的角色，及时给与大家鼓舞和信心，给大家提供受保护的创作环境，同时支持创意的发展并让工程师为细节出力。

设计领导力：基于商业模式创新的设计管理

团队设计师：
总结与自我批评。

设计领导者：
问题的识别者，成员成就的认可者。

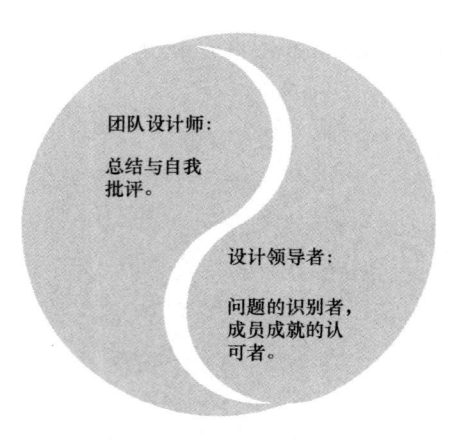

图 4-6　在项目评估阶段领导者的角色

设计领导者需要在整个企业范围内启用设计思维，向工程团队传达设计的重要性，向设计团队传达工程的重要性。设计领导者要抓住机会宣传设计的价值，让其他与设计团队合作的部门人员像设计师一样思考（培养设计思维），推动企业的设计文化。

> **核心梳理**
>
> 　　设计领导者在设计项目中的角色动态变化是调节团队成员士气的有效方法。
> 　　在设计发现阶段，设计领导者是一个好的推销者。
> 　　在项目定义阶段，设计领导者是一个积极的合作伙伴。
> 　　在构思方案阶段，设计领导者逐渐放手，给予设计师信任和自主权。
> 　　在项目交付阶段，设计领导者是宏观问题的指导者。
> 　　在项目评估阶段，设计领导者是问题的识别者和成员成就的认可者。

思考题

　　假如你是一个设计项目的管理者，在项目的不同阶段，你将如何发挥设计领导者的动态角色作用？举例说明。

4.3 激励和信任

设计领导者要成功建立一个坚实的设计师团队,除了要创造和分享目标、建立适合的团队结构和配置角色,还要学会激励团队成员。

哈佛商学院的教授约翰·科特(John Kotter)提出,领导力是设定目标,使人们认同和适应这个目标,然后激励他们追求这个目标的能力。领导力是激发一群人发挥最佳表现、朝着共同目标努力的能力。设计领导者要思考什么方式最能激励自己的团队成员。有些设计管理者认为高工资就能够打动自己的团队成员。金钱确实有推动力,但是仅限于一些非常基本的任务。一开始可以用奖金的方式,可是后来会发现金钱的激励其实没有想得那么好,所以金钱不是唯一的解决办法。什么方法才能真正推动高效设计团队的组建?如何提高核心领导力?如何激励我们的成员?有三个关键词能够帮助领导者做得更好——自主权、目标和控制[64]。

4.3.1 自主权

关于自主权,有些管理者会思考给予下属自主权的程度,设计团队和其他专业团队的不同之处在于设计团队是一个自驱力非常强的群体,设计师对自己的要求非常高。

如果每个人都相信自己的努力能够改变团队和提升自我,激励就起了作用。激励分为两种:外在激励和内在激励。外在激励有制度和监督。内在激励来源于某种道德、义务、身份认同、权威、表现需求等,例如,我相信我做的事情有所回报。一个人最好的驱动力是内驱力,即使没有回报他也愿意去做这件事情,这也是敏捷开发所需要的自驱力和行动力,所以管理者需要给团队成员提供自主权和及时的反馈。同时，管理者还要让团队成员在这个过程中持续学习和获得技能提升，让成员的能力和职责保持匹配，使团队成员之间能够建立良好的关系并互相学习，这是给予成员内驱力的一种重要方式。

例如，美国在线影片租赁提供商 Netflix，除业务创新、技术算法外，Netflix 的成功离不开创始人里德·哈斯廷斯格外注重培养自由的、负责的、坦诚的想法，重视基于信任的企业文化。Netflix 不主张以严格的方式对员工进行监督与约束，而是鼓励以信任、给予自主权的方式进行有效激励。

由于 Netflix 拥有大量设计师，灵感与创意显得尤为重要。Netflix 赋予员工更多为实现项目目标的自主权，尽可能减少控制性的流程和政策。Netflix 没有正式的办公考勤系统，相信员工有强大的自驱力。只要员工能够高效地完成工作，公司并不介意员工是在办公室办公还是居家办公。同时，赋予员工一定的灵活度，让他们灵活安排自己的优先事项，决定处理工作的具体方式，甚至允许他们选择工作时间[66]，充分发挥设计师的创意水平。这些做法不仅简化了工作流程和行政要求，甚至取消了对员工的休假限制。

但是，Netflix 强调员工必须对自己的工作结果负责，如果员工的表现匹配不上公司赋予的自主权，该员工就会被解雇[67]。

如果设计管理者缺乏激励设计师的意识和方法，就容易打击积极性，造成阻碍创新的现象，具体如下所述。

（1）信息滞后

如果设计师最后一个知道业务需求，不能参与业务需求的调研和讨论，那么他可能因信息滞后而失去自驱力，从而只被动执行，没有创新动力。

（2）目标不清

如果设计师无法了解真实的项目背景，只能在获得间接信息的情况下做设计方案，就无法设置符合项目实际需求的设计目标。

（3）进度失控

如果大部分情况下项目周期都是管理者和产品经理定好的，而缺乏与设计师的前期沟通，如什么时候立项、什么时候测试、什么时候上线[68]，或者存在"早上提需求，下午出方案"的情况，没有充足的时间打磨研究，导致设计师只能草草了事，缺乏创新。

很多设计管理者还会有这样的疑惑：是放手让团队成员自主做设计决策，还是事无巨细地自己拍板？

先假设一下，如果让设计团队成员来做设计决策，而管理者只是引导方向和提供必要的帮助，设计师的责任感和自主性就会非常强，这种团队是有内驱力的。可是管理者又担心团队成员设计的方案不是自己预期的结果。

再设想一下，设计管理者帮设计师做所有的决策，团队能够更准确地完成工作目标，能够让结果更符合管理者想要的方向。但管理者的时间和精力是有限的，大家都在等管理者做决策，时间久了，就会让设计师失去自主能动性和对团队的责任感。成员没有责任感，也不承担任何后果，相应地，团队成员的内驱力就会减小，这样不利于团队的培养。

如此，设计管理者该如何赋权团队呢？

与具体做事的人相比，管理者做决策的速度其实比设计师本人要慢。因为做事的人对具体工作细节的掌握比管理者更深入，否则这位设计师也不能胜任这份工作；而且，设计师事无巨细向管理者汇报和请示意见是非常浪费时间的，这并不是提升管理者权威的好方法。

设计领导者要告诉团队成员为什么做这个事情？具体做什么？目标是什么？有哪些限制？有哪些注意事项？这样他们才能更好地协同配合。

其实，设计师的自主性和独立性很强，他们并不喜欢别人对他们的工作指手划脚。只要让他们明确要做什么，限制在哪里，用制度保证他们能获得需要的帮助，就能克服惰性，这样设计师的忠诚度会更高。越能干的人，越不喜欢做事情时被绑住手脚。因此，每个决策都被控制的团队是不会提高团队绩效的。

如果管理者给予设计师自主权，他们就会专注和积极。在提高团队自主性上，提前告诉他们目标是什么、工作中自主决策的权力和限制在哪里，那么大家在做这件事情的时候会非常有动力和信心。

在探索成功的路上，设计领导者也要允许失败，经常鼓励大家，如"你们做得很好，你们给出了新的思路，继续做吧"。这样大家能看到设计领导者在创造一个鼓励信任的文化氛围。

4.3.2 目标

设计领导者要带领团队走向哪个方向？为什么？如果出现了问题，

需要做什么改变？要确保给团队适当的压力和动力，以及匹配个人能力的任务和挑战，否则团队会觉得完不成任务或者任务太过简单。因此，设计领导者让团队成员获得授权，可以更快地完成项目，但是也要在领导者的指导和框架下完成目标。团队成员要有一个非常明确的重点，知道他们需要完成什么。

4.3.3 控制

控制是指分配任务且保证完成。在分配任务时，要注意任务量稍稍超出团队可以准时完成的工作量，并且在完成任务的整个过程中，在团队需要帮助时适时地给予支持和帮助。

还可以通过榜样的力量，让团队看到自己离成功和目标还有多远，并且相信团队成员可以做到，从而帮助团队获得成功。

在完成任务的过程中，如果成员遇到很大的压力，管理者要帮助他们摆脱压力，让他们了解压力不代表恐惧和无能，而是想要做得更好的焦虑和兴奋。因此，管理者可以对某些压力的来源进行解释，鼓励他们掌握面对压力的技能，帮助成员克服困难。

从减轻设计师工作压力的视角来看，使用科学的设计流程、合理的设计方法是最好的方式，虽然此法不一定适合极少数的天才型设计师，但是保障了绝大多数设计师在任何时间和条件下都能相对稳定和顺利地进行创意设计[69]。

科学合理的设计流程和方法在先进成熟的企业中被广泛采用，它在设计与艺术的平衡中，帮助设计师在有限的时间、既定的条件下得到合

设计领导力：基于商业模式创新的设计管理

理、适用的设计方案。设计师的思维并不能像艺术家那样自由驰骋而不受约束，标准流程与创意并不是简单的对立[70]。

> **核心梳理**
>
> 领导力是激发一群人发挥最佳表现、朝着共同目标努力的能力。设计管理者要学会使用自主权、目标和控制这三种方法帮助成员做得更好。

> **讨论题**
>
> 你觉得在设计团队的管理中，赋予团队成员自主权和对团队的控制是矛盾的吗？
>
> 思考你所在的创新团队中关于自主权和控制的做法，谈谈你的建议。

4.4 高效率会议

任何设计团队都需要花费较长工作时间进行会议沟通，但是很多年轻的设计师会抱怨大部分会议都在浪费时间。因此，设计领导者带领一个团队，提高会议效率是提高领导力的有效手段。

1. 选择会议工具

- 发现并选择能够增加参与度和互动性的会议工具与技术。

2. 安排会议流程

- 提前设定会议议程并发给参会人。会议的目标很重要，在会议开始前确定会议议程，如提前确定会议的类型、沟通方式、参会成员、会议环节。提前 24 小时以上发送会议议程到相关人员的邮箱里，以便参会人员有充足的准备时间。

- 准时开始会议。会议如果没有准时开始，就不可能准时结束。拖延症是设计师经常抱怨的问题，领导者一定要准时开始会议，并遵守会议结束时间。这种时间观念会在团队中蔓延，营造准时文化。例如，宣布会议上午 9 点开始，就要按时开始会议，而不能为了某个人等到九点半才开始会议。等待迟到的人只会促进迟到。

- 限制线上会议的时间。当结束一周工作后，可以计算所花费的会议总时长。有些成员表示线上会议是日常工作中最大的分心因素。一个人的注意力是有限的，进行线上会议时要尽量保证高效率，即以最佳状态最快速度完成线上会议。可以尝试将会议时长控制在 30 分钟甚至更少，从而节省时间。有些团队为了限制会议时长，提倡大家站着开会，这对会议的主持者和参与者来说是一种提醒方式。

- 延迟暂时无法解决的问题讨论。会议中不要一直纠结在某些细节上，那将非常浪费时间。如果有一些偏离会议主题又无法立刻得出结论的问题，可以将其记录在案，并承诺以后一定会解决。

- 得出明确结论后再结束会议。结束会议前，总结所有的会议内容，并将得出结论的方案或计划分配给相应的团队成员。一定要清晰准确地传达最后的结论。

3. 设置沟通规则

- 提炼整合会议汇报文件。演示时，PPT中的文字不能过多，对大段文字要进行提炼，并对每页幻灯片进行总结。例如，Twitter在员工汇报时设置了一页幻灯片不超过140个字符的规定。当文字较多时，还可以通过抽象概况，把文字信息图像化、图形化及图表化，如使用表格、图像、视频等一系列可视化的展示形式。

- 确保会议是双向沟通形式。不管是多长时间的会议，都要分配出参与者提问的时间。即使会议是向参与者解释一个概念或程序，也要留出最后的时间，供参与者提问、讨论和管理者解答。

4. 营造恰当的会议氛围

- 会议尽量安排在上班非高峰时间。在下班或者午餐时间召开会议，可能会带给员工厌倦心理。

- 允许员工参加线上会议时采用虚拟背景。

- 不要低估积极情绪带来的影响，允许员工参加线上会议时关闭摄影头，使其以乐观积极的心态参与会议，以此减少员工对会议的抵触情绪。

第4章　设计管理者的领导力

核心梳理

提高会议效率是提高领导力的有效手段，例如，选用合适的会议工具，合理安排会议流程，设置会议沟通规则，营造恰当的会议氛围。

思考题

你认为在设计项目的线上头脑风暴会议中，什么样的会议流程既高效又能激发讨论者的积极性和参与度呢？

第 5 章
设计沟通

5.1 传递设计价值的沟通

很多设计师发现有效地沟通设计方案似乎比做设计方案更困难。许多情况下，设计师与项目的利益相关者、客户和非设计师交流设计，比设计本身更重要。沟通能力强的设计师总能获得更大的优势。

越来越多的设计师认识到，要成为一名杰出的设计师，不仅需要过硬的设计动手能力，还需要在跨职能部门合作中的话语权，这样才能更好地获得协作，推动创新实现。如果设计师不能有效地表达和传递设计价值，那么设计无法真正自下而上地融入企业的决策和战略层面。因此，团队层面的设计沟通和项目层面的设计沟通是传递设计价值的重要方式。

5.1.1 团队层面的设计沟通

当你向客户展示最终产品时，设计和实现是分不开的。糟糕的实现通常被认为是糟糕的设计。对客户来说，方案 = 设计 = 产品，界面 = 设计 = 产品。设计师和技术、生产、运营人员之间的跨部门跨团队的沟通质量是设计协作的关键因素。

技术人员注重技术细节，却不一定关注设计的系统性。因此，设计师要在设计发现阶段就邀请各部门人员参与方案沟通，尽早向设计团队外的利益相关者展示基于客户、市场、企业特征、行业发展趋势、竞争对手策略、政策背景的调研情况，站在所有利益相关者的角度进行方案设计，尽最大可能获得各个部门的支持和理解。同时，也要将利益相关者的需求和跨部门的专业意见尽早在设计发现阶段纳入设计流程中。

在设计方案陈述上，综合运用设计语言和跨部门语言向各部门人员和企业领导展示设计方案。表明设计流程中每个设计决策背后的深思熟虑，展示设计方案对企业的价值，强调跨部门团队为设计方案所做的努力和贡献。

5.1.2 项目层面的设计沟通

设计管理者和设计师在项目层面的设计沟通会极大提高设计团队工作的效率，减少因信息滞后和缺失导致的返稿次数，也降低后期开发者的工作难度，推动创意方案的实现。

1. 项目介绍

设计管理者在设计项目开始时要给设计师做详细的项目背景介绍，涉及设计背景、功能、产品需求、风格要求、技术资源和各种限制。这些详细说明会让设计师在后续的设计中有的放矢地工作。

2. 设计方向的说明

提供设计感觉和外观的意向图，描述风格要求，但不局限于细节；

要求不可过于具体，不提供可以复制的模板；可以提供喜欢或者不喜欢的设计示例，并说明理由；列出设计目标。

3. 相关限制的说明

相关政策、供应链能力、企业生产能力、资金、渠道等因素都会对设计方案有限制，设计师了解这些限制，能节省大量不必要的方案修改的成本和时间。

4. 工作对接的说明

设计师在与同事进行工作对接时要注重用对方易于理解、易于操作、不易发生歧义的方式来沟通。设计师不仅在调研用户的时候有同理心，在与同事一起的工作中也要有同理心。

全球著名的创新设计咨询公司IDEO和斯坦福大学设计学院（D. School）总结的设计思维"五阶段"中的第一阶段就是培养同理心。

例如，服装设计师和版师沟通的时候，为了便于版师理解和打版，要提供样衣，在纸样上标注具体尺寸，如衣型、衣长、袖长、裤长、三围、三宽等尺寸；要有具体文字说明，包含正面效果图、背面款式图、面料小样、辅料小样。对一些工艺复杂的地方，不仅要和版师当面沟通，沟通后还要以文字说明沟通细节，将其放在最容易被版师看到的地方，以免版师因为工作繁忙而忘记。

一个服装版师一天不仅仅对接一个设计师，可能要对接多个设计师、多个设计。为了让版师更简单、直观地将设计制作出来，设计师将方案交给生产制作者的时候要花精力做好对接的准备工作。产品设计打版也是如此，产品设计师给工厂的需求一定要数据化、视觉化，且容易被理解和操作。

产品经理为了便于设计师理解界面设计中元素的优先级，可以用数字标出界面元素的优先级关系，说明要强化或弱化的部分及其程度。用数字表达元素之间的对比关系，比口头说"这个要强一点，那个要弱一点"更便于设计师理解和操作。

> **核心梳理**
>
> 如果设计师不能有效地表达和传递设计价值，那么设计无法真正自下而上地融入企业的决策和战略层面。因此，团队层面的设计沟通和项目层面的设计沟通是传递设计价值的重要方式。

实践题

根据本节所学内容，撰写一个针对在职设计师的设计沟通情况在线调查问卷，发放给在职设计师。回收问卷并分析和总结调查结果。

5.2 价值共生的设计沟通

设计师提出方案，与跨部门团队共同讨论，大家一起为企业创造价值。企业创新能力的提升，能获得更多市场份额和价值回报。企业的所有部门都是共同获利的。设计师与跨部门团队的合作是相互成就的，创新工作的所有参与者是持久的价值共生关系。

5.2.1 使用协作者的语言描述设计

虽然设计师和跨部门人员的工作语言和工作模式大部分是不同的，

如图 5-1 所示，但是大家在这种价值共生关系上的设计沟通应是相互尊重和共情的。

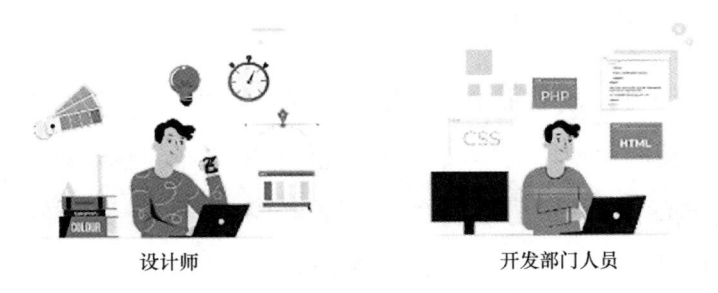

设计师　　　　　　　　　　　开发部门人员

图 5-1　设计师和开发部门人员工作语言的差异（图片来源于 opensenselabs 网站）

设计师在将设计方案交给开发部门进行生产开发时，要用对方看得懂的工作语言描述设计方案，便于开发部门将设计方案转化成产品。在线协同工作软件的运用也是一种不错的协作方法，可以让跨部门团队在一个软件中进行需求和解决方案的对接。

交给合作者设计方案说明时，要确保对方在阅读设计方案时是"读取"信息，而不是"记忆或者翻查"信息。方案信息要有预防错误理解的指引和设计师的快速联系方式。

设计师不仅要让其他部门的开发参与者准确无误地理解设计方案，还要传递价值共生的合作理念。某些情况下，开发人员会因技术、成本等困难而否定设计师的方案，设计师一方面在项目发现阶段就争取多部门共同参与，向技术开发人员、运营人员、销售人员等展示设计的系统逻辑，以便大家尽早识别方案中的潜在问题，获得他们的认同和支持，这样在后期的阻力就小得多；另一方面，设计师也可以在市场上找到运用类似技术或结构的产品给开发人员做参考，来推动开发人员的工作。

同时，设计管理者需要向企业管理者申请推动创新实现的多部门激励措施，让所有部门的开发人员都有实现创新设计的动力。

5.2.2 使用决策者的语言谈设计

设计师要学习使用决策者的语言谈设计，让决策者和跨部门同事看到设计对企业的价值。财务人员不会说他们的主要工作是制作电子表格，而是说"我们为企业节省了 100 万元"；招聘人员不会说他们每天的工作是发电子邮件和打电话，而是说"我们的工作是帮助建立企业发展所需的团队"。如果设计师说"我们每天做用户研究、市场调研、竞品分析来获取最佳设计方案"，就没有把设计部门对企业的价值说出来。决策者思考的不是设计师对设计方案的投入，而是从企业所有部门的整体角度看待一个项目的投入和收益。

例如，你一直在努力争取副总裁对设计研究的资金支持，而迟迟没有得到回应，原因可能是企业的决策者将注意力集中在其他重要事情上，如更快地运送货物、让投资者满意、资金的投资回报周期短。因此，设计师要将设计研究转化成为企业提供价值的一种方式，并准备好用决策者的语言来阐明它的重要性，说明做设计研究对企业的价值，而不是设计研究的具体内容。

又如，在你与决策者谈论工作时要谨慎使用"研究"这个词。如果决策者重视研究，那么可以用"研究"；但如果"研究"的使用受到阻碍，可以尝试其他替换词。因为有人可能觉得"研究"听起来很慢，此时用听起来更注重行动的词来替代会有所帮助，像"完整性检查""测试""验证""反馈""根本原因分析"等。

艾登·安润（Adam Amran）是一名来自捷克的产品设计师，他在

《与产品经理合作的有用指南》一书中写到如何与自己的上司进行有效的沟通。一般情况下，产品经理通常专注于结果，而不是设计过程，例如，这个项目会解决客户的问题并促使其购买吗（价值）？客户能明白如何使用它吗（可用性）？企业能实现这个项目吗（可行性）？在沟通过程中需要了解产品经理关注的重点，这也是设计师同理心的体现（资料来源于medium网站）。

> **核心梳理**
>
> 创新工作的所有参与者是持久的价值共生关系。基于多方价值共生关系，设计师与跨部门人员的设计沟通应是相互尊重和共情的，即使多方的大部分工作语言和工作模式是有差异的。
>
> 设计师要学会使用协作者的语言描述设计，使用决策者的语言谈设计。

思考题

尝试给3名非设计类专业背景的人员描述你的设计方案，记录每个人对设计方案不明白的地方、提出的问题、给出的建议。总结每个人基于专业差异和工作差异对设计方案的理解差异，根据他们的意见，修改你的设计方案和设计表达方式。

5.3 设计沟通的规范

5.3.1 设计沟通的媒介

沟通的媒介主要分为语言类和非语言类。语言类包括书面表达和口头表达，非语言类包括距离方向、肢体语言、身体接触等。在设计沟通中，口头、文字和视觉是三种主要沟通方式。

1. 口头沟通

口头交流是最普遍的沟通方式，包括电话、视频会议、面对面沟通等形式。主动积极的倾听是口头沟通的第一步。通过倾听、反思、回应、反馈、总结、表达的方法可以提高口头沟通的效率。

- 身体姿态：靠近说话的人，有不断的眼神接触。目的是让说话的人知道你在认真地听他说话，并在意他说的话。

- 停顿：在交流时注意停顿的使用。例如，在对别人说的话做出反应前，停一两秒。在连续表达多个观点的时候，注意停顿，状态放松。这能更好地表达你在认真听，并帮助你展示观点。

- 反馈：用"嗯嗯""是的""对的"等类似的口头语言或者点头的肢体语言对说者的话做出反应。这能进一步鼓励说者畅谈，也让对方知道你在认真听。

- 运用开放式问题以获得洞察力：开放式问题要与谈话目标保持一致。很多开放式问题是关于"是什么"和"为什么"的，避免答案只有一句话，保持问题的广泛性。如果谈话者不愿意用更多语言来回答问题，可以试试选择性问题，再就"为什么"进行讨论。

面对面的沟通是首选方式，特别是在参与会议或讨论的时候，口头沟通可以迅速交换信息并得到反馈，大大提高工作效率。但是在某些场合，如果没有书面的补充，口头承诺则不具有法律效力。设计团队在与合作伙伴、客户等沟通时应注意到这点，需要双方确认的环节可以结合文字沟通。

2. 文字沟通

文字沟通的方式主要是指文本聊天、电子邮件、电子文档、书写的文件/信件等。在一些正式的商业沟通和发布中往往采用这种沟通方式。掌握文字沟通的技巧至关重要，如在官方邮件中的书写内容、规范、色彩、字体样式、风格等。

3. 视觉沟通

大部分的设计项目离不开视觉形态的表达。视觉沟通是设计沟通的一大特点。视觉沟通可以避免设计团队成员间的误会、冲突和项目运营问题。设计师往往采用设计草图、设计效果图、设计工程图、设计模型等视觉方式与他人沟通，这样更为直观。

5.3.2 制订项目沟通计划

制订全面的沟通计划，让每个人都能专注地参与其中，促进管理者保持工作的条理性，通过早期的沟通增进项目利益相关者的参与度。沟通计划的内容包括以下几点。

1. 确定沟通需求

在项目开展前，确定沟通目标。例如，为了获得利益相关者对项目背景的了解程度等信息，听取大家对项目的意见。

沟通目标要与可交付成果联系，根据项目的规范、大小及复杂性，考虑客户、团队、其他利益相关者的需求。在项目策划阶段，通常有频繁的各类沟通，在项目实施后，往往沟通的频率会下降，进入生产和商业化阶段，沟通需求又会增多。

2. 确定沟通对象及沟通内容

确定沟通对象，包括设计团队成员、关键利益相关者、客户、供应商、合作部门等，概述与每个人沟通的内容。设计管理者将沟通对象和沟通内容列出后，可以将部分沟通工作交给下属设计师完成，以避免沟通信息有误，也能减轻设计管理者的工作压力。

3. 确定沟通的方式与频率

制订沟通计划，确定与沟通对象的沟通方式和频率，如图 5-2、图 5-3 所示。通过沟通计划表，管理者能够轻松地识别沟通目标及其是否与项目进程保持一致。要确保整个设计团队都能看到沟通计划表，如果沟通中出现差错，团队成员应提醒设计管理者。随着项目推进或问题出现，还需要及时调整沟通计划。

利益相关者	职位	职责范围	沟通方式	频率	备注
马歇尔	CEO	高级预算、时间线、发展方向	marah@mail.com 电话：555-1234	每两周	根据需要设定发展方向
托雷斯	CFO	预算、采购审批	torres@mail.com	每月	每月1000元以下购买不需要批准
西蒙	COO	运营、时间线、阶段发展方向	simo@mail.com	每周	对所有运营改革有最终决定权

图 5-2 沟通计划表 1（图片来源于 How to Create a Project Communication Plan Smartsheet）

沟通时间计划表

交流活动	描述/沟通目的	频率/方式	参与人群
项目计划会议	概述客户目标，建立预算和时间表，分配第一个阶段任务	1次/视频会议	团队成员、利益相关者、项目经理
团队联系	设定每日目标，向项目经理汇报项目进展	每日1次/个人汇报	团队成员、项目经理
团队状态报告	总结本周项目进展并制订下周目标计划	每周1次/电子邮件	团队成员、项目经理
利益相关者报告	制订下个阶段的计划，更新项目进展时间线	两周1次/电子邮件	利益相关者、项目经理
审查会议	更新客户进度，分配后续阶段任务，评估总体时间表	根据需要/视频会议	团队成员、利益相关者、项目经理
事后分析/总结	评估项目过程的成功和失败，改善后续项目	项目结束/个人汇报	团队成员、项目经理

图 5-3　沟通计划表 2

5.3.3　统一的设计规范

一个项目的实施可能会经过多个设计师的跟进和改动，统一的设计规范便于工作和任务中的沟通。例如，使用共享文件夹并将文件集中在一起，统一良好的命名方式；设计软件内采用标准的命名；共享颜色和字体样式；保持图层和文件的分类。一套"健康"的设计规

141

范，不仅方便合作伙伴明白设计内容，而且能有效提高团队协作的效率。

1. 使用共享的数据存储和任务管理软件

使用云端文件共享平台存储数据和共享团队工作文件，为跨部门协作提供即时访问权限。团队成员可以随时从任何设备访问工作文件或者任务管理软件，从而完成项目管理、数据维护，实现信息交换顺畅。

2. 设置日常沟通制度

在团队内部设置日常沟通制度，包括团队层面和项目层面的设计沟通制度。定时的沟通能确保项目的进程符合预期，并获得及时的反馈，保证项目的顺利进行，也保证团队成员对项目的积极投入。

3. 建设良好的沟通环境

首先，在组织内部要提供舒适的沟通环境，如日常开放的讨论区，便于团队成员有地方讨论；其次，要在组织内部营造开放民主的氛围，让团队成员敢于表达自己的想法，与他人沟通；最后，要预留沟通时间，例如，在会议结束前留出20分钟供团队成员提出问题。

设计工作无小事，设计力就是沟通力。

> **核心梳理**
>
> 制订全面的沟通计划，让每个人都能专注地参与其中，促进管理者保持工作的条理性；有助于设计团队和利益相关者建立信任，通过早期的沟通增进项目利益相关者的参与度。沟通计划包

括确定沟通需求、确定沟通对象及沟通内容、确定沟通的方式与频率。

> **练习题**
>
> 　　根据设计团队的特征，结合近期的设计项目，试着为自己所在的设计团队改善设计沟通的规范。

第 6 章 云端设计管理

2020 年以来，远程工作从科技企业的一项福利变成许多企业的必需。越来越多的员工倾向于远程工作，省去日常通勤的时间，越来越多的企业给员工提供了更灵活的办公方式。因此，云端远程办公管理是设计管理者正在面对的挑战。管理者管理远程团队相较于线下领导团队存在一些差异，管理者需要掌握两者的差异并学习云端领导技能。

6.1 构建标准化的云端工作系统

6.1.1 建立沟通体系

线上虚拟办公需要构建和发展结构性支撑系统，包括以下 5 项工作。

（1）管理者需要建立一套详细的系统，当团队成员在工作中需要帮助和请示时，可以在系统中查看联系对象、联系方式、每个人的在线工作时间。

（2）制定云端设计沟通的规范，明确交付文件的要求。

（3）表明目前的工作状态。如果是正处于使用 QQ 进行远程协作的团队，成员可以根据实际情况更改"在线""请勿打扰""离开"等状态，因为如果一直在线，其他成员会以为该成员一直在计算机前。当然，也可以设置自动回复，如"已收到你的信息，本人今天下午出外勤，看到信息会尽快回复"或"本人已下线，有急事请致电"等告知团队成员目前状态的回复。

（4）标明不愿意被打扰的时间。如果正专注工作，可以用一些方式提前告知合作伙伴。例如，在项目管理工具的共享日历上标明在 10:00 至 10:30 的时间段内暂不进行事务沟通。

（5）标明信息反馈优先级。在团队协作时，一些简单的信息发送可能会给人一种立即想得到回复的感觉，但往往并没有那么紧急。为了不影响别人的工作，可在发送电子邮件或信息时，标明希望得到反馈的时间。这些信息能让团队成员有序地完成手头的工作。

6.1.2 安排定期会议

例行日程为团队提供大家习惯和熟悉的工作内容，这会让团队感到轻松并减轻压力。但采用如每日晨会的方式来保证团队之间的信息更新，时间久了更像例行公事。亚历山德罗·格里戈里乌（Alecsandru Grigoriu）是罗马尼亚一家用户体验和数字顾问公司的首席用户体验设计师，他针对设计师个性、富有形象力的特点，将周会的内容进行了修改。开会的内容都是团队成员最关心的事情，如设计趋势、设计潮流，他合理安排会议时间与议程，让团队更具凝聚力。有些管理者认为视频会议是最大限度提高效率的方式，但是视频会议也会给团队成员带来困扰，例如，在镜头面前，团队成员会感觉自己被监视并失去个人隐私，这可能会引发团队成员的反感心理。因此，建议综合运用视频会议、语音会议、演示会议（如使用腾讯会议开会，只共享计算机屏幕，而不要求打开摄影头）、企业微信群、共享文档等多种定期会议形式。

6.1.3 清晰分配任务

一些设计管理者不会给团队成员关于设计细节任务的指示，而是仅仅简单分配任务。远程工作增加了理解的隔阂，团队成员有时不能详细理解管理者的任务。因此，最好的方式是设计管理者提供详细的任务描述，并附上最终结果的示例，多使用视觉化和文字组合的沟通方式，不要只用视觉化语言或纯文字。当设计方案需要展示物料材质时，需要邮寄实物，而不仅仅是在线分配任务。

6.1.4 确保工作时间重叠

无论团队成员在哪个时区哪个位置，建议每天至少有3到4小时的时间让大多数团队成员同时在线，即使某些团队成员不一定需要彼此来完成他的任务。同时在线可以使团队更紧密地联系在一起，并且能更快解决问题。

6.1.5 使用项目管理工具

项目管理工具是跟踪截止日期的最佳选择。很多任务管理软件会发送截止日期的提醒，并提供每日、每周或每月需要完成的工作、由谁完成及何时完成的快速概览。设定企业的长期目标，将目标转化为每周内团队和个人的目标。项目管理工具使团队成员日常工作每日可见。为团队成员设置目标，确保问责机制，使远程团队顺利推进工作进程。

例如，Teambition 是一个可以为工作制订全局计划的协同办公平台，为各类设计项目建立精细、标准化的流程，便于所有成员遵照标准流程创作方案。管理者在线创建和指派任务，合理规划每个成员的工作时间，有序安排工作。Teambition 还能促进跨部门成员之间的协同工作，使各个部门成员处在同一个工作流中，提高工作效率。这种辅助云端办公沟通的软件还有很多，如 Tower、Trello 等团队协作工具。

6.1.6 给予丰富的反馈

在云端领导中，管理者要更加注重鼓励，给予成员信任和尊重，通过多种方式让成员感到自己受到了重视。

- 注重倾听，多倾听团队成员的意见和建议并尽可能改善。
- 多鼓励，在成员完成一个任务时，积极地表扬。每周开会时表彰认真完成任务的成员。
- 为团队成员创造沟通机会。远程团队成员可能会因为体谅管理者业务繁忙、不在线等而不敢主动联系，此时管理者需要积极主动地定期与他们联系，并询问他们是否需要协助。

6.1.7 授权设计师

设计管理者要在云端协作团队中培养一种授权文化。如果在办公室，团队成员的工作都在设计管理者面前进行。但在远程工作时，设计管理者无法直接面对成员，所以互动很少，更多依赖团队成员对工作的认同感和主动性。大多数团队成员享受远程工作的自由，不建议使用远程监控系统。在管理者的在线监控下，一些具有强烈个人主义特征的设计师会因感到被冒犯而离开企业。因此，团队成员需要更多授权。例如，在一些线上汇报的会议中，管理者可以让团队成员主持会议。管理者的一些授权行为让成员觉得他们有能力协同工作并做决策，强调授权与信任。

当团队成员陷入困境并在寻找解决方案时，管理者不要只单纯地给予答案，而要引导正确方向并提出具有指导性的问题，团队成员会觉得自己参与了解决方案的发展过程。同时，教会团队成员技巧，使其在下次遇到类似问题的时候可以自行解决。

美敦力作为全球领先的医疗科技公司，非常支持工作与生活的平衡，致力打造一个包容、多元化的工作环境。设计部门实行弹性工作制，让企业内的设计师自己管理上班时间，这给设计师带来的好处是显而易见的。一方面，适度的工作弹性可以使设计师灵活地处理个人生活和工作之间的关系，更好地安排家庭生活和业余爱好，赢得更多可自由支配的时间；另一方面，设计师对工作时间有了一定的自主权，避免设计师在灵感迸发时受到干扰。

核心梳理

云端远程办公管理是设计管理者正在面对的挑战。建立沟通体系、安排定期会议、清晰分配任务、确保工作时间重叠、使用项目管理工具、给予丰富的反馈、授权设计师，可以打造一个标准化的云端协同工作体系。

> **讨论题**
>
> 你喜欢远程办公吗？你对云端设计管理有什么建议和抱怨吗？如果作为设计团队的管理者，你如何构建一个高效的云端设计管理系统呢？和你的团队伙伴一起聊聊吧。

6.2 创造轻松的工作氛围

6.2.1 保持联络

远程工作往往伴随着社交隔离。成员缺乏办公室聊天，没有休息室或饮水间的闲聊，没有下班后共进晚餐的愉悦，慢慢会产生一种自己不属于团队的想法。

为了避免这类情况的恶化，管理者可以定期安排一些线上联络会，例如，成员一起进行午餐交流，分享生活上的趣闻。云端管理者也可以时常打开摄像头，与团队成员一起聊天，提高团队成员的归属感。也可以尝试提出团队建设的替代方案，如在线游戏、虚拟会面、在线烹饪课等。定期的联络会提供了多元社交，减少团队成员不安全感和怀疑感的产生，并减少团队成员的孤独感。

1. 建立良好的工作环境

设计管理者要学习创建轻松安全的氛围。线上工作团队的地理位置高度分散，让人没有安全感的团队氛围对团队协作有很大伤害。因此，建立一个让大家心理安全的环境对"虚拟"团队尤为重要。例如，引入新平台进行线上活动与沟通，增加新鲜感，降低团队成员对线上办公的厌倦。如图 6-1 所示，Remo 是一个大型的会议平台，它可以让参与者像在线下一样移动到不同的桌子前和主持者进行交谈，并且会议主持人可以通过视频广播的方式演讲，非常适合人数众多、有建立小组需求的场景。实际使用中，还可以分楼层，每一层设置若干桌子；设置一个虚拟的电梯，让参与者可以先选择楼层，再选择具体哪一张桌子；每一张桌子也可以设置主题或参会者的名称。在团队会议期间，摄像头开启，确保每个人都有机会发言，并询问他们调整工作状态的方式。由此真正做到让参会者以虚拟的方式进行与线下一样行之有效的交流和洽谈。

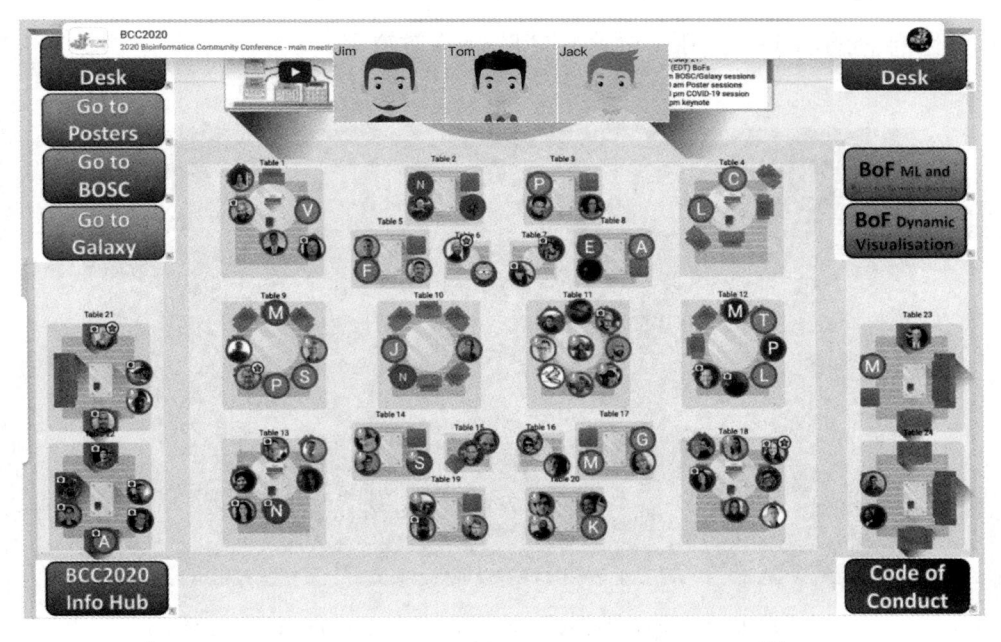

图 6-1　Remo 线上会议（图片来源于 garlandevents 网站）

在线的虚拟团建活动有助于"保持设计热情向前发展"。如图 6-2 所示，线上会议自习软件 Gather.town，可以让用户将线下场景搬到线上。

例如，建立线上办公室，可以直接用企业的名称来命名；内部有前台的区域，也有不同的办公分区。有意思的是，当大家在移动的时候，能听到附近的人讲话的声音，离得远了，声音就变小了，模仿了线下现实生活中大家在办公室交流的实际情景。同时，在 Gather.town 中可以设置有个性的虚拟办公地址，然后发送给工作中的合作方，邀请大家参观拜访、一同交流。在管理团队或线上合作时，适时地引入一些新的平台，不但可以更好地解决特定场景的需求，也可以令大家产生一定的新鲜感。例如，举办一个线上团建的小活动，让大家一起玩游戏来保持团队成员之间的联系。设计管理者可以根据游戏的玩法选择新的平台；虽然使用已经熟悉的会议平台也可以更方便地解决相同问题，但是相较于已经产生倦怠感的旧平台，新平台会让团队保持新鲜感。

图 6-2　Gather.town 线上办公室（图片来源于 Gather.town 官网）

另外，虚拟协作存在办公环境问题。实体设计办公室往往是为满足特定需求而建造的定制办公空间，而大多数团队成员在家中不会拥有双屏幕、坐站两用办公桌或高端打印机，如图 6-3 和图 6-4 所示。

图 6-3　双屏幕

图 6-4　坐站两用办公桌

设计管理者可以邮寄辅助居家办公的计算机配件给团队成员，例如，HDMI 电缆，将笔记本电脑连接到电视，把电视屏幕当成笔记本电脑的扩展屏。也有团队使用熨衣板等各种创意方法代替可调节高度的办公桌。"鼓励人们发挥创造力"，远程工作为创新提供了新的环境，设计师们，我们不妨一起来动手解决大家共同面临的新问题吧！

2. 创建有趣的活动

在枯燥的线上办公中，一些有趣的活动能够激发团队成员的灵感。

例如，每天早上成员在企业微信群上相互问候，并在结束一天工作后道一声再见。这些简单的问候有时会带给团队成员一天的温暖。在远程工作中，愉悦的心情能支持团队成员更积极地工作。

6.2.2 劳逸结合

1. 平衡工作与生活

2020 年以后，远程工作的概率大幅提高，相关报告显示，许多国家的工作日时间延长了一个小时，平均会议时间延长了整整 10 分钟[71]。远程工作使团队成员节省了日常通勤等事情的时间，但这也默认了人们工作时间的增加。长时间的远程工作，使团队成员无法明确分辨工作时间和生活时间，很容易在正常工作时间外继续工作，造成工作时间过长。长时间后，会增加压力和对工作的厌倦感。

远程工作或居家办公的时候，给自己设置一些时间节点，例如，早上 8 点的早餐意味着一天工作的开始，晚上 18 点开始的运动时间是一天工作的结束，中午有一个午休时间。

2. 倡议劳逸结合

一直在家里面对计算机，团队成员没有了办公室，没有了精准的午餐时间或者与同事的社交，容易产生不良情绪。在工作的过程中做到劳逸结合是至关重要的。

设计是一个需要灵感的工作。在条件允许的情况下，鼓励团队成员晚餐后与家人一起漫步 30 分钟；或者工作一段时间后进行素描、涂鸦、冥想等可以让大脑放松的事情，休息后能更加地投入和专注。一些简单的休息方式，可以使人们放松并得到启发。

3. 构建专注的远程工作环境

在远程工作时往往会因为家务等一些事情分散注意力，降低居家办公的工作效率。因此，工作期间需要将环境中任何形式的娱乐活动放在视线之外。

创建一个角落，营造一个专注的居家办公环境，可以使自己专注手头工作，而不被其他事情影响。确保这个环境满足办公需求，如有电源插座、舒适的椅子和功能优越的桌子。

> **核心梳理**
>
> 长时间远程工作给团队带来了一些不良情绪。工作期间保持成员之间的联络，是缓解成员心理压力的一种方式。

> **讨论题**
>
> 和你的团队成员一起探讨：有哪些创意方法、工具、游戏能提高远程工作的团队凝聚力。

6.3 远程团队协作工具

斯坦福大学经济学教授尼古拉斯·布鲁姆（Nicholas Bloom）和他的同事在2021年的一个文件中指出，2020年1月至9月，美国支持远程工作、视频会议和居家办公的技术专利申请数量比同期增加了一倍[72]。

越来越多技术的出现让在线互动更为便捷。虚拟化的团队运营、地理位置的隔离、交流的隔离等因素都会影响团队的绩效。在团队成员的地理位置、时差、文化、环境等具有巨大差异的基础上，利用有效的在线协作工具能降低远程协作的难度，提升沟通的丰富感，提高工作效率。

20年前，团队成员在家工作，通常使用电话、电子邮件、邮寄等方式联系；但现在，绝大多数团队都会采用云会议、视频通话等形式沟通。随着技术发展，未来会有更多适用于云端工作的软件。下面介绍一些常见的远程团队协作工具。

1. 日历工具

（1）Calendly

Calendly是一款专业高效安排会议的日历软件，避免了电子邮件沟通的麻烦。先在日历中选择一个时间，将会议事件添加在日历中，再向会议参与者分享日历链接，使其可以随时查看会议详情。Calendly像一个日历助手，将用户全部会议及其流程放置在页面上，并通过电子邮件等方式及时发送会议提醒。

（2）团队日历

团队日历软件支持团队在线共享日历，用户可以根据需求选择部分日历信息，通过关闭共享、加密共享链接等方式精确控制访问的权限；根据实际情况随时更新日历；通过颜色、层级分类，轻松管理成员项目过程。团队成员可以通过多种方式编辑项目关键日期、自己的任务时间点，切换多种视图，如图6-5所示。

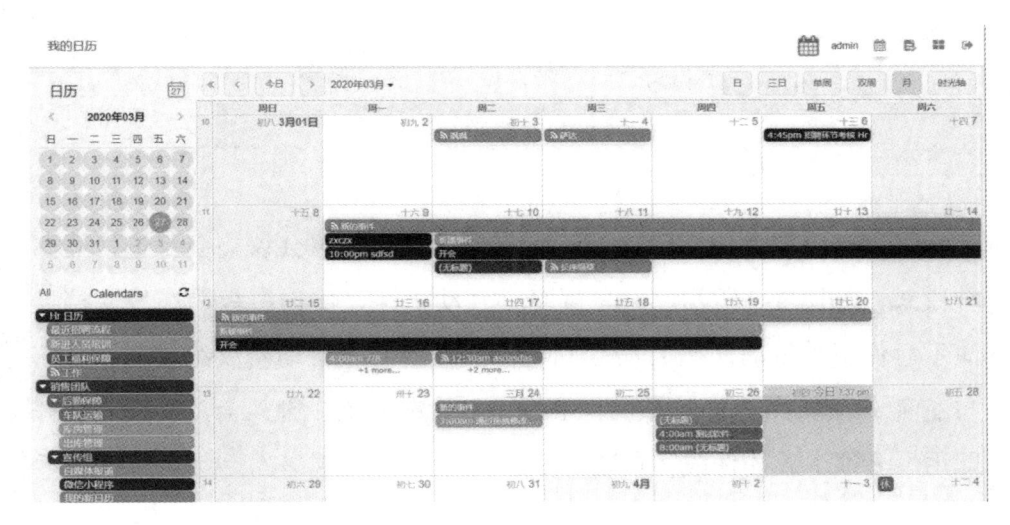

图 6-5 团队日历界面（图片来源于团队日历官网）

（3）Lark

Lark（如图 6-6 所示）深度整合了即时沟通和在线文档，便于团队成员规划和共享日程，时刻与大家保持同步，让组织会议、项目排期更加高效[73]。用户可以选择性订阅多份日历，包括同事日历或者公共日历，随时直观查看对方状态，减少反复沟通的麻烦；通过日历组织会议，快速向同事或整个群组发出邀约，参与者会在 Lark 里收到通知，会议日程也会自动同步到其日历中；当收到会议邀请、日程时间地点发生变更或日程有冲突时，日历助手会及时发送消息提醒。

图 6-6 Lark 界面（图片来源于 Lark 官网）

2. 视频沟通软件

（1）腾讯会议

腾讯会议软件中有云会议、网络研讨会、腾讯会议、会议连接器四种模式。如图 6-7 所示，共享屏幕、互动批注、协作白板、在线文档让演示协作更加生动便捷；分组讨论、云端录制、自动会议纪要助力分享与交流；支持手机、计算机、平板、会议室系统一键入会，小程序即开即用，无须下载插件或客户端。

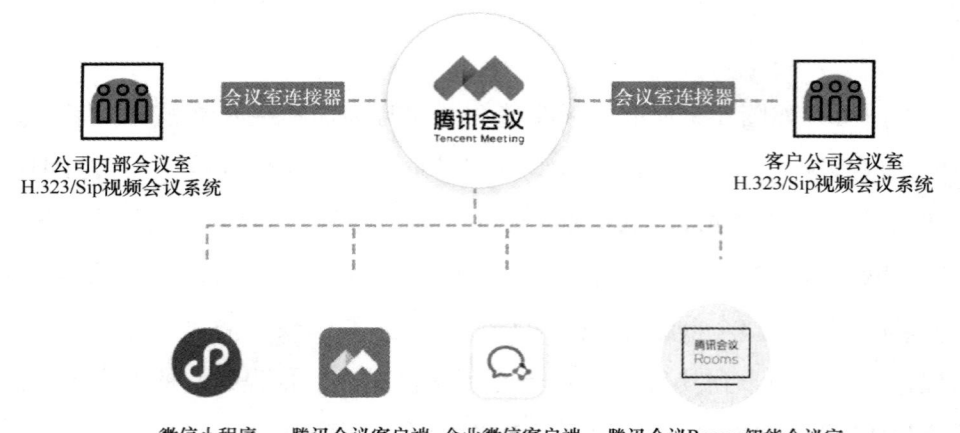

图 6-7　腾讯会议（图片来源于腾讯会议官网）

（2）社群视频

通过 QQ、微信、钉钉等一类网络社群软件沟通，实现随时随地即时地传达信息。使用语音聊天、视频通话等功能也能及时应对需要画面的沟通情景。

（3）ZOOM

ZOOM 是一款集电话、会议、聊天和白板等功能于一体的软件。全球很多企业采用这款软件进行视频会议。

3. 共享文件软件

（1）Amazon Web Services

Amazon Web Services（AWS）是全球最全面、应用最广泛的云平台之一，从全球数据中心提供超过 200 项功能齐全的服务。特点是安全性高，覆盖范围广，可靠性强，可供各类企业或组织实现文件的共享。

（2）Dropbox

Dropbox 的特点是，在同一个地方集中存储团队内的所有数据，包括传统文件、云端内容和网页快捷方式等。只需轻点鼠标即可签署具有法律效力的协议，就如同实体签名一样；用户可以直接与客户分享文件，轻松交付项目，并利用密码保护或链接有效期功能，安全传输文件，确保交付并控制访问权限。此外，它还可以关联其他工具，在 Dropbox 上可轻松访问、编辑和共享 Office 文档。

4. 项目管理软件

（1）Hive

Hive 是一个功能强大的项目管理工具，界面如图 6-8 所示，被谷歌、星巴克、康卡斯特、丰田、安海斯布希等团队使用。Hive 是一个多

设计领导力：基于商业模式创新的设计管理

合一工具，适用于各种规模的组织，如初创企业、非营利组织、世界百强企业。Hive 提供时间管理、项目组合管理、任务管理、资源管理、工作流程管理和高级分析等功能。

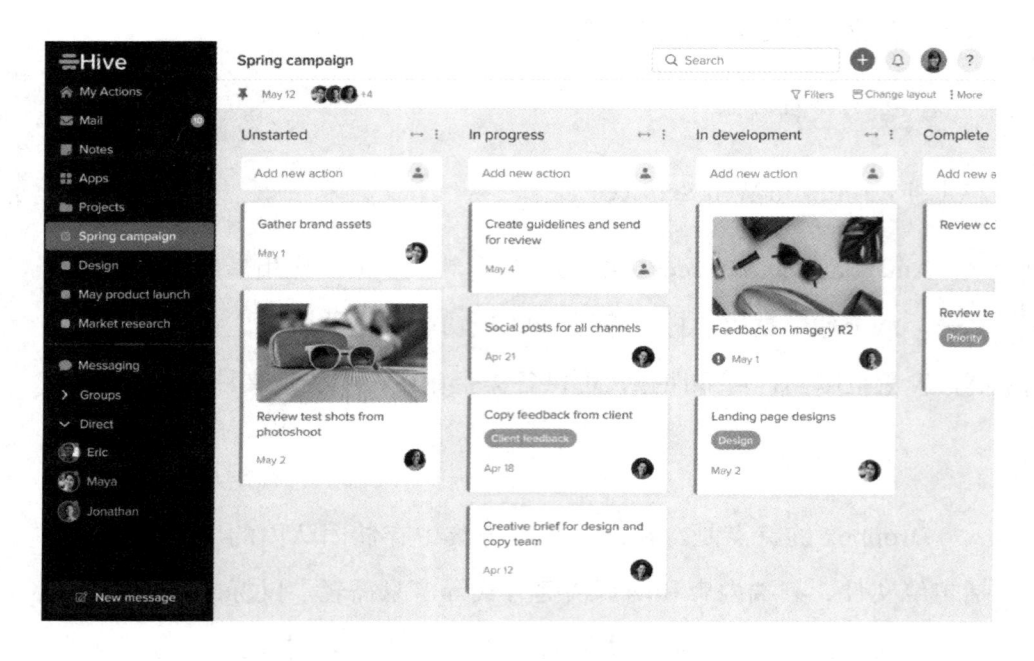

图 6-8　Hive 界面（图片来源于 Hive 官网）

（2）Asana

Asana 将团队工作整合到一个共享空间中，团队成员无论身在何处都可以协作，如图 6-9 所示。

通过列表，团队成员可以看到团队分配的任务，并随时看到目前的任务及其优先级与起始日期，如图 6-10 所示。

图 6-9　Asana 任务视图（图片来源于 Asana 官网）

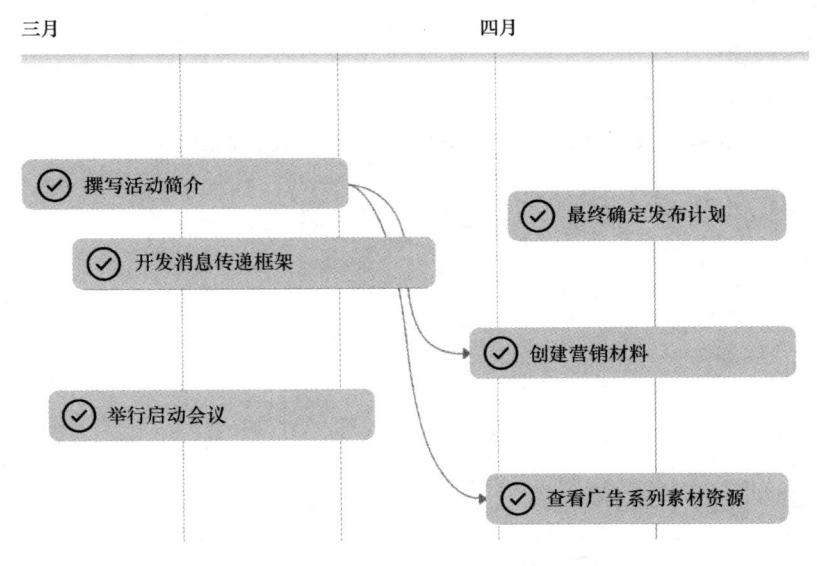

图 6-10　Asana 任务时间线（图片来源于 Asana 官网）

（3）ClickUp

使用 ClickUp 可以灵活规划团队项目的任务，跟踪和管理任何类型的工作。还能通过实时聊天，标记个人或组分配的任务，共同完成工作，实现智能化，实时跟踪任务与目标进度，如图 6-11～图 6-13 所示。

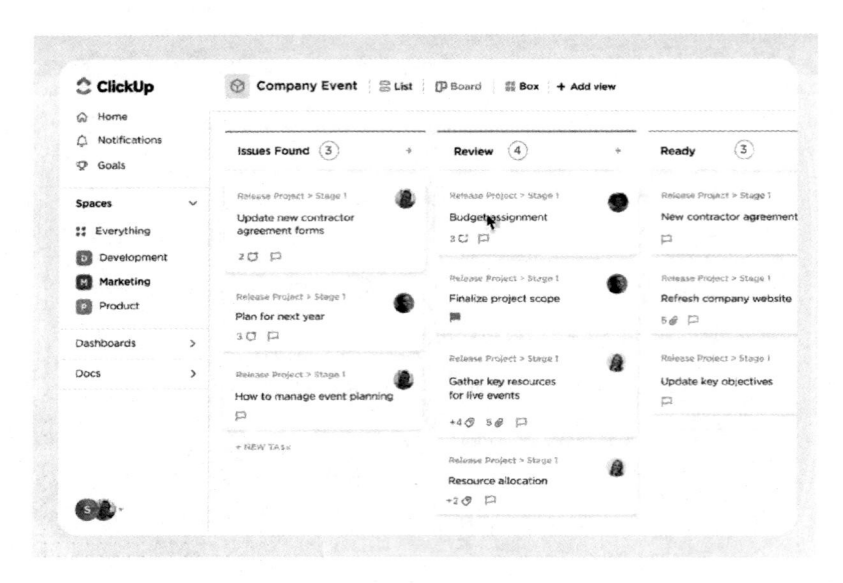

图 6-11　ClickUp 项目和任务界面（图片来源于 ClickUp 官网）

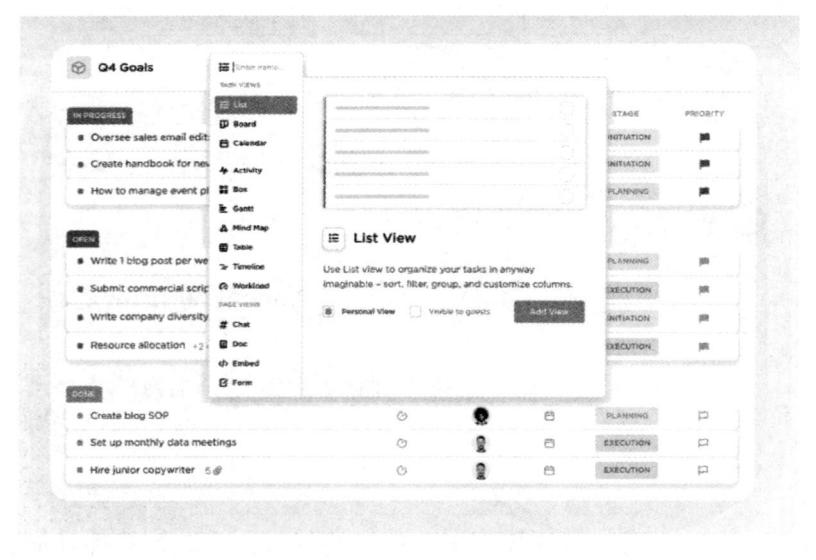

图 6-12　ClickUp 项目管理界面（图片来源于 ClickUp 官网）

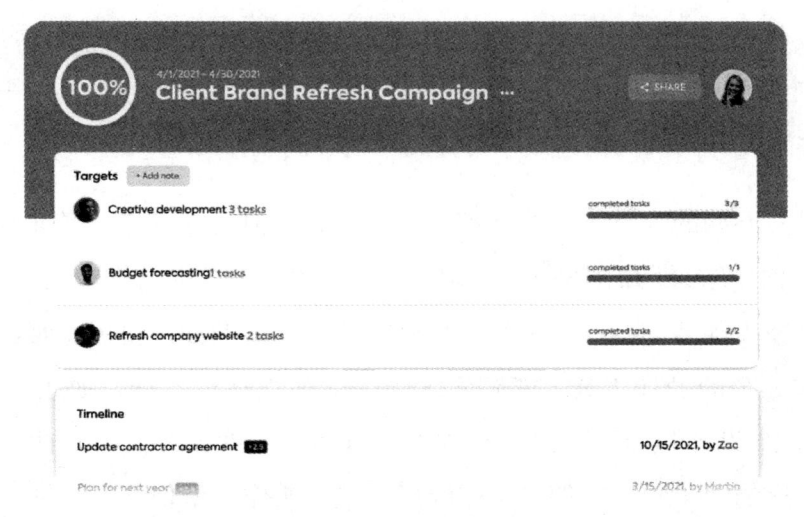

图 6-13 ClickUp 任务完成情况界面（图片来源于 ClickUp 官网）

（4）Google Workspace

Google Workspace 是一个包括联络沟通、创作和协同办公的项目管理软件。可以通过共享日历查看他人是否有空，并自动通过电子邮件邀请同事参加会议，随时共享屏幕，协助更快地做出决策。方便团队成员与企业外部人员一起处理单个文档，在其他人进入时查看编辑内容，通过内置聊天窗口交流，并在评论中提问。将所有工作保存在一个位置，可从计算机、手机或平板电脑端进行安全访问。快速邀请其他人查看、下载和协作处理任何文件，无须使用电子邮件附件。文件更新会被自动保存并存储在云端硬盘中，因此每个人都可以随时访问最新文件。也可以多人同时工作，并且每个更改都会被自动保存。

5. 协作设计软件

（1）在线设计平台

即时设计、InVision、摹客、Moqups、Red Pen、Mural 是常用的协

作设计软件。它们可以实现多个团队成员同时在一个文件中工作，大大降低工作的重复率；团队能够在模型、线框和原型上协作。这些平台大大提高了设计团队的沟通效率，提高了设计的工作效率。

虽然不同的人有不同的处理任务的方式，但是制定统一标准可以缩短达到预期结果所需的时间。制定工作标准，定义可重复的工作系统，团队会减少很多问题，并了解任务所花的时间。例如，使用即时设计一类协作办公的设计工具，能够实现跨平台多人在线设计，如图 6-14 所示。对 UI 设计师而言，以往在创作的过程中，设计过程的文件通常是杂乱无序的。不同的软件、不同的平台使得工作效率低下，且难以制定相应的工作标准。然而，由于即时设计的文件存储在云端，所以任何人都能在任何计算机中随时同步，设计师所做的每个过程都是最新的。而且，即时设计拥有在线写作功能，同一个文件可以多人同时处理查看，所有利益相关者都可以对设计稿进行评论。类似的设计协作软件打破了空间的束缚，实现工作系统的标准化，以实现最大效率。

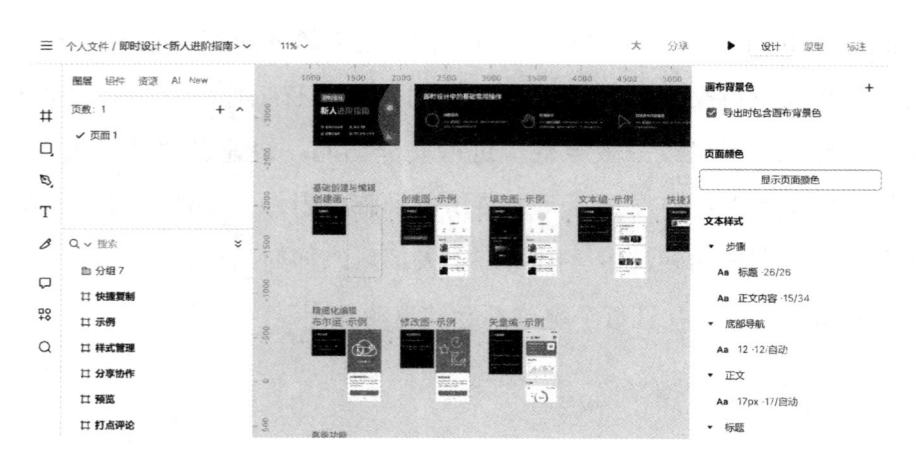

图 6-14　即时设计操作页面

（2）Co-design

Co-design 是无缝衔接产品经理、设计师、开发工程师的上下游高效协作软件。设计师灵活上传设计稿；设计团队成员在线预览设计稿，评论标记意见；产品经理清晰展示产品逻辑；开发工程师直接获取最新最全的标注切图信息，覆盖设计协作全流程。便于设计沟通、方案演示、设计交付、版本管理、设计文件归档与调用、设计规范同步与管理、图标管理及调用，使团队动态、设计更新等记录清晰可见。

（3）Visme

Visme 是一个内容创建工具和信息图表制作工具，可供设计团队在线进行演示文稿、信息图的简单设计。团队可以在线共享和下载设计项目。

（4）Canvas 可画

Canvas 可画有团队版，可以实现创建和协作的一站式体验。使用团队文件夹存储团队设计资源、管理设计项目，让团队项目内容井然有序。跨区域、跨企业、跨部门之间的实时协作让设计项目的开展更加顺利。内置评论功能，能够实现实时沟通、更新内容并回应建议。

以上介绍了一些常见的远程团队协作工具。随着相关软件技术的发展，其丰富的功能和优秀的交互设计将带给设计团队更好的设计体验。团队可以根据自己的实际需求，有针对性地选择合适的工具。"工欲善其事，必先利其器"，好的工具能够大大提高云端设计管理的效率。

设计师们，发挥我们的创造性和同理心，为自己，也为更多人构建未来工作团队协作的有效方式。

设计领导力：基于商业模式创新的设计管理

核心梳理

　　本节主要介绍常见的远程团队协作工具，包括日历工具、视频沟通软件、共享文件软件、项目管理软件、客户管理软件、设计协作软件。合适的软件能够更好地为设计师提供设计体验，还能快速提升团队的工作效率。

讨论题

　　在设计团队内部讨论国内外各类远程团队协作工具的优缺点。

参考文献

[1] Rogers M E. Diffusion of Inmovation[M]. Fourth Edition. New York: Free Press, 1995.

[2] Rogers M E. Diffusion of Innovations[M]. Fifth Edition. New York: Free Press, 2003.

[3] Kastelle T, Steen J. Ideas are not Innovations[J]. Prometheus, 2011, 29(2): 199-205.

[4] W. 钱·金，勒妮·莫博涅. 蓝海战略 [M]. 吉宓，译. 北京：商务印书馆，2005.

[5] Casadesus-Masanell R, Ricart E J. 如何设计成功的商业模式 [J]. 哈佛商业评论，2011，89（1/2）：100-107.

[6] Hittmár S, Varmus M, Lendel V. Proposal of Model for Effective Implementation of Innovation Strategy to Business[J]. Procedia-Social and Behavioral Sciences, 2014, 109: 1194-1198.

[7] Lee J, Suh T, Roy D, et al. Emerging Technology and Business Model Innovation: The Case of Artificial Intelligence[J]. Journal of Open Innovation: Technology, Market, and Complexity, 2019, 5(3): 44.

[8] Agha S, Alrubaiee L, Jamhour M. Effect of Core Competence on Competitive Advantage and Organizational Performance[J]. International Journal of Business and Management, 2012, 7(1): 192-204.

[9] Harvard Business Review. Harvard Business Review on Rebuilding Your Business Model[M]. Boston: Harvard Business Review Press, 2011.

[10] Osterwalder A, Pigneur Y. Business Model Generation: A Handbook for Visionaries, Game Changers, and Challengers[M]. New York: John Wiley and Sons, 2010.

[11] 刘臣平. 新能源电动汽车分时租赁盈利模式研究[D]. 中央民族大学博士论文, 2019.

[12] Yang M, Evans S, Vladimirova D, et al. Value Uncaptured Perspective for Sustainable Business Model Innovation[J]. Journal of Cleaner Production, 2017, 140: 1794-1804.

[13] Giesen E, Berman J S, Bell R, et al. Three Ways to Successfully Innovate Your Business Model[J]. Strategy & Leadership, 2007.

[14] Osterwalder A, Pigneur Y, Bernarda G, et al. Value Proposition Design: How to Create Products and Services Customers Want[M]. New York: John Wiley and Sons, 2015.

[15] 亚历山大·奥斯特瓦德，伊夫·皮尼厄. 商业模式新生代[M]. 王帅，毛心宇，严威，译. 北京：机械工业出版社, 2011.

[16] Osterwalder A, Pigneur Y. Designing Business Models and Similar Strategic Objects: The Contribution of IS[J]. Journal of the Association for Information Systems, 2012, 14(5): 3.

[17] 王楠一. 宜家家居的商业模式画布分析[J]. 中国商论，2019(14): 3-5.

[18] 李盾. 宜家回归大众化[J]. 中国外资, 2005 (9): 40-41.

[19] Klima V. It's IKEA's World: A Growth Strategy Based on Cost Leadership[M]. München: GRIN Verlag, 2018.

[20] Bremann A. International Business Strategy: IKEA's Foreign Expansion into the

Chinese Market[M]. München: GRIN Verlag, 2017.

[21] Bouwman H, Vosde H, Haaker T, et al. Mobile Service Innovation and Business Models[M]. Berlin: Springer, 2008.

[22] Solaimani S, Bouwman H. A Framework for the Alignment of Business Model and Business Processes: A Generic Model for Trans‐Sector Innovation[J]. Business Process Management Journal, 2012, 18(4): 655-679.

[23] Allee V. Value Network Analysis and Value Conversion of Tangible and Intangible Assets[J].Journal of Intellectual Capital, 2008, 9(1):5-24..

[24] Shevtshenko E, Mahmood K, Karaulova T. Enhancing the Partner Selection Process in a Sustainable Partner Network[J]. IFAC-PapersOnLine, 2019, 52(13): 2425-2430.

[25] Peppard J, Rylander A. From Value Chain to Value Network: Insights for Mobile Operators[J]. European Management Journal, 2006, 24(2-3): 128-141.

[26] Sawy E A, Pereira F. Business Modelling in the Dynamic Digital Space: An Ecosystem Approach[M]. Berlin: Springer, 2012.

[27] Stål H I, Bengtsson M, Manzhynski S. Cross‐Sectoral Collaboration in Business Model Innovation for Sustainable Development: Tensions and Compromises[J]. Business Strategy and the Environment, 2022, 31(1): 445-463.

[28] Remane G, Hanelt A, Nickerson R C, et al. The Journal of Business Strategy[J]. Boston, 2017, 38(2): 41-51.

[29] Marr B. Business Trends in Practice: The 25+ Trends That are Redefining Organizations[M]. New York: John Wiley and Sons, 2021.

[30] Hickman R G, Sorenson J G. The Power of Invisible Leadership: How a Compelling Common Purpose Inspires Exceptional Leadership[M]. Thousand Oaks: Sage Publications, 2013.

[31] Covey R S. The 8th Habit: From Effectiveness to Greatness[M]. New York: Free

Press, 2013.

[32] Helander M G, Jiao J. Research on E-Product Development (Epd) for Mass Customization[J]. Technovation, 2002, 22(11): 717-724.

[33] Vendrell-Herrero F, Bustinza O F, Opazo-Basaez M. Information Technologies and Product-Service Innovation: The Moderating Role of Service R&D Team Structure[J]. Journal of Business Research, 2021, 128: 673-687.

[34] Hackman J R, Vidmar N. Effects of Size and Task Type on Group Performance and Member Reactions[J]. Sociometry, 1970, 33(1): 37-54.

[35] Ingham A G, Levinger G, Graves J, et al. The Ringelmann Effect: Studies of Group Size and Group Performance[J]. Journal of Experimental Social Psychology, 1974, 10(4): 371-384.

[36] DeRue D S, Morgeson F P. Stability and Change in Person-Team and Person-Role Fit over Time: The Effects of Growth Satisfaction, Performance, and General Self-Efficacy[J]. Journal of Applied Psychology, 2007, 92(5): 1242.

[37] Bureau of Labor Statistics. Occupational Outlook Handbook, 2020-2021[M]. Lanham: Bernan Press, 2019.

[38] Nghia T L H. Building Soft Skills for Employability: Challenges and Practices in Vietnam[M]. London: Routledge, 2019.

[39] Moss-Racusin C A, van der Toorn J, Dovidio J F, et al. Scientific Diversity Interventions[J]. Science, 2014, 343(6171): 615-616.

[40] Duckworth A L, Peterson C, Matthews M D, et al. Grit: Perseverance and Passion for Long-Term Goals[J]. Journal of Personality and Social Psychology, 2007, 92(6): 1087.

[41] 代福平. 设计伦理起步：设计师如何培养同理心 [J]. 美术大观，2021（09）：136-141.

[42] Brown T. Change by Design, Revised and Updated: How Design Thinking

Transforms Organizations and Inspires Innovation[M]. New York: Harper Business, 2019.

[43] McClelland C D. Human Motivation[M]. Cambridge: Cambridge University Press, 1988.

[44] Belbin R M, Brown V. Team Roles at Work[M]. London: Routledge, 2022.

[45] Aritzeta A, Swailes S, Senior B. Belbin's Team Role Model: Development, Validity and Applications for Team Building[J]. Journal of Management Studies, 2007, 44(1): 96-118.

[46] Belbin R M. Management Teams: Why They Succeed or Fail[M]. Oxford: Taylor and Francis, 2010.

[47] Belbin R M. Team Roles at Work[M]. London: Routledge, 2017.

[48] Morgeson F P, DeRue D S, Karam E P. Leadership in Teams: A Functional Approach to Understanding Leadership Structures and Processes[J]. Journal of Management, 2010, 36(1): 5-39.

[49] Drucker P. The Practice of Management[M]. London: Routledge, 2012.

[50] Nielsen J. Usability Inspection Methods[C]. Conference Companion on Human Factors in Computing Systems, 1994: 413-414.

[51] Project Management Institute. A Guide to the Project Management Body of Knowledge[M]. Lausanne: Project Management Institute, 2021.

[52] Kerzner H. Innovation Project Management: Methods, Case Studies, and Tools for Managing Innovation Projects[M]. New York: John Wiley and Sons, 2019.

[53] Rose M. Reward Management: A Practical Introduction[M]. London: Kogan Page, 2018.

[54] Haritaipan L, Mougenot C, Saijo M. How Professional Designers Use Magic-Based Inspirations: Development of a Usage Guideline and Analysis of Impact on Design Process[J]. International Journal on Interactive Design and Manufacturing

(IJIDeM), 2019, 13(2): 659-671.

[55] Kunrath K, Cash P, Kleinsmann M. Social-and Self-Perception of Designers' Professional Identity[J]. Journal of Engineering Design, 2020, 31(2): 100-126.

[56] 郭艳花. 全球化项目本地化管理的研究及应用[D]. 上海交通大学硕士论文，2012.

[57] 程国平，袁付礼，邰庆路. 生产运作管理[M]. 北京：人民邮电出版社，2017.

[58] 让·鲍德里亚. 消费社会[M]. 南京：南京大学出版社，2014.

[59] Pratama A V, Lestari A D, Aini Q. Analisis User Experience Aplikasi Academic Information System (Ais) Mobile Untuk User-Centered Metrics Menggunakan Heart Framework[J]. Sistemasi: Jurnal Sistem Informasi, 2019, 8(3): 405-412.

[60] Lencioni P. The Five Dysfunctions of a Team[M]. New York: John Wiley and Sons, 2006.

[61] Hakanen M, Soudunsaari A. Building Trust in High-Performing Teams[J]. Technology Innovation Management Review, 2012, 2(6).

[62] Enright D, Knights J, Grant D, et al. Transpersonal Leadership in Action: How to Lead Beyond the Ego[M]. London: Routledge, 2022.

[63] Maxwell J C. The 5 Levels of Leadership: Proven Steps to Maximize Your Potential[M]. Center Street, 2011.

[64] Kotter J P. Leading Change[M]. Boston: Harvard Business Press, 2012.

[65] Kotter J P. On What Leaders Really Do[M]. Boston: Harvard Business Press, 1999.

[66] 鲍勃·纳尔逊. 企业对员工，如何"用工作激励工作"[J]. 财富时代，2022（06）：128-130.

[67] 王斌，李敏. 信任与薪酬激励——以美国 Netflix 公司为例[J]. 会计之友，2021(17)：9-18.

[68] 郭丽. 项目管理在 D 公司"智慧工程"信息系统建设中的应用研究[D]. 电子科技大学博士论文，2021.

[69] Kelley T, Kelley D. Creative Confidence: Unleashing the Creative Potential within Us All[M]. Brisbane: Currency Press, 2013.

[70] 白石，彭心勤. 工业设计师的职业压力分析及应对策略 [J]. 宿州学院学报，2014, 29(08): 47-49.

[71] Delventhal M J, Kwon E, Parkhomenko A. JUE Insight: How Do Cities Change When We Work from Home?[J]. Journal of Urban Economics, 2022, 127.

[72] Barrero J M, Bloom N, Davis S J. Let Me Work from Home, or I Will Find Another Job[J]. University of Chicago, Becker Friedman Institute for Economics Working Paper, 2021：21-87.

[73] 余建芳. 使用率较高的多媒体视频会议软件对比研究 [J]. 办公自动化，2021, 26（16）: 9-11.